Review of Evolutionary Economics and Economics of Innovation

演化与创新经济学评论

2021年第1辑（总第24辑）

教育部人文社会科学重点研究基地清华大学技术创新研究中心　主办

中国演化经济学年会　协办

科学出版社

北京

内 容 简 介

《演化与创新经济学评论》由陈劲教授（主编）与王焕祥博士（执行主编）于 2008 年共同创办、中国演化经济学年会协办，是国内唯一一份致力于介绍演化与创新经济学理论、方法、应用及最新发展的集刊，与国际期刊《演化经济学杂志》（SSCI）、《制度经济学杂志》（SSCI）长期合作，演化与创新经济学界的知名学者纳尔逊教授、伦德瓦尔教授、霍奇逊教授、陈平教授、贾根良教授等为本集刊特约编委与撰稿人。

本集刊以“倡导学术创新、彰显学术自由”为宗旨，力求为中外学者就演化与创新经济学的重大理论及其应用问题的讨论与对话提供一个平台，也为展示我国学者的相关研究与思想提供一个机会窗口。

本集刊可为公共政策制定者提供新的视野与借鉴，可供政府产业与科技等管理部门、企业高级技术主管、大学与科研院所的科研管理与科技工作者参考，尤其适合作为管理学、经济学等社科专业的硕士研究生及博士研究生的参考用书，对于想了解和深入研究演化与创新经济学的读者也是不可或缺的参考资料。

图书在版编目（CIP）数据

演化与创新经济学评论. 2021 年. 第 1 辑：总第 24 辑/教育部人文社会科学重点研究基地清华大学技术创新研究中心主办；中国演化经济学年会协办. —北京：科学出版社，2021.6

ISBN 978-7-03-069121-7

Ⅰ. ①演… Ⅱ. ①教… ②中… Ⅲ. ①经济学-文集 Ⅳ. ①F0-53

中国版本图书馆 CIP 数据核字（2021）第 110845 号

责任编辑：王丹妮 / 责任校对：王晓茜

责任印制：张 伟 / 封面设计：无极书装

科学出版社出版

北京东黄城根北街 16 号

邮政编码：100717

http://www.sciencep.com

北京建宏印刷有限公司 印刷

科学出版社发行 各地新华书店经销

*

2021 年 6 月第 一 版 开本：787 × 1092 1/16

2021 年 6 月第一次印刷 印张：8

字数：190 000

定价：118.00 元

（如有印装质量问题，我社负责调换）

编辑部联系方式：

电话：0086-10-62792422
邮箱：ei_review@tsinghua.edu.cn

摘　要

《演化与创新经济学评论》致力于近些年来在国际学界蓬勃发展的演化经济学以及该理论范式主导下的创新经济学，展现中国学者在这一新的经济学研究范式中取得的进展，为中外学者就演化经济学的重大理论及其应用问题的讨论提供平台。

呈现在读者面前的这本专集系第十二届中国演化经济学年会（2020・桂林）专刊，收录论文内容涉及演化经济学在中国发展中所取得的成就、制度及其演化的认知基础、演化视角下企业边界的决定性因素、博尔丁经济思想、马克思主义经济学与资本主义多样性理论的比较、复杂经济学的复杂性科学基础、数字劳动产生与发展的政治经济学分析、演化经济学之量子场理论探讨以及凡勃伦视角下的无形资产与金融化等理论命题与实践问题。

本专辑突出了国内外广泛关注的演化及创新经济学的基本理论及其在特定领域内的应用等重要学术前沿话题，也与我国制度创新深化与自主创新战略这两大实践主题相呼应。

本专辑可为公共政策的制定者提供学理思考与借鉴，可作为政府科技领域的高层领导、企业高级技术主管、大学与科研院所的科技工作者的参考，尤其适合作为管理学专业、经济学专业硕士生及博士生的参考用书，对于想了解和深入研究演化与创新经济学的读者也是不可或缺的参考资料。

目　录

第十二届中国演化经济学年会开幕式致辞 …………………………………… 贾根良- 1 -

制度及其演化的认知基础：方法与概念（二） ………………………………… 李建德- 4 -

演化视角下企业边界的决定性因素

——从古典经济学迈向平台生态系统 ……………………… 阳　镇　陈　劲　商慧辰- 34 -

20 世纪经济思想史上的“旷野之声”

——博尔丁的经济思想初探 ………………………………………………… 张文杰- 51 -

福利国家、劳资关系与技能的演化

——马克思主义经济学与资本主义多样性理论的比较 ………… 夏鑫雨　石高宏- 58 -

复杂经济学的复杂性科学基础 ………………………………………………… 张　鑫- 71 -

数字劳动产生与发展的政治经济学分析及现实启示

——一个生产性劳动的视角 ……………………………… 王守义　梁倩倩　罗　丹- 82 -

演化经济学之量子场理论

——从劳动生产力、金融创新力到疫情防控 ………………………………… 曾尔曼- 95 -

无形资产与金融化：一个凡勃伦式的理解 ………………………………… 赵露薇- 106 -

第十二届中国演化经济学年会开幕式致辞

贾根良[①]

尊敬的莫书记、老师们、同学们：

大家上午好！第十二届中国演化经济学年会今天在广西师范大学胜利召开了，我首先代表年会秘书处的同仁，向来自全国各地的两百多名学者和同学，表示热烈的欢迎；向承办这届年会的广西师范大学及其经济管理学院的领导、老师和会务组的同学们，表示衷心的感谢！

按照中国十二生肖的“十二年一轮回”的说法，本届年会是中国演化经济学年会的“本命年”。王焕祥教授明天将在《演化经济学在中国的演化》的主旨演讲中对我们演化经济学年会的历史做一个简单介绍和总结。悠悠十二届，匆匆一轮回。回顾历史，我们演化经济学年会的老人都记得我们创办这个年会的三个主要目标，就是以传播并创新西方非正统经济学也就是第三种经济学为己任，反对经济学的数学形式主义，以解决中国重大实际经济问题为目标。在我们年会这个本命年，我想以目前世界经济政治形势的剧变为背景，对我们年会安身立命的这三个使命做一些新的阐释。

去年 12 月 22 日上午，我们中国演化经济学年会在中国人民大学经济学院召开了“纪念李斯特诞辰 230 周年暨新李斯特经济学研讨会”，在这个专题研讨会中，我重申了世界经济史中存在着一种“资本主导与社会保护循环往复运动”的钟摆运动，自 2008 年国际金融危机爆发后，这个钟摆就开始向社会保护的方向开始摆动，也正是在那一年我们召开了中国演化经济学第一届年会。2016 年，由于“脱欧”运动和特朗普在美国的上台，世界经济和政治开始发生急剧变化，拜登当选美国总统也不会改变这种变化的趋势。大家回想一下，今天的世界与 12 年前相比发生了多么大的变化。但是，正如我在去年指出的，世界巨变还没有在更大程度上展开，真正的巨变还未到来。那么，真正的巨变什么时候发生呢？将发生哪些巨变呢？我认为，真正的巨变将在今后 12~15 年展开，等到我们演化经济学年会再有一个“十二年的轮回”，到了 2032 年的时候，我们就会感到一个翻天覆地的变化，我们在那时就辨别不出今天世界的模样了。

我在去年指出，欧盟实际上是新自由主义的产物，欧元是乌托邦的产物。货币问题是国家主权的关键问题。虽然“脱欧”运动在目前陷入了低潮，但将来还会兴起，欧元恐怕迟早要消失。2019 年，“现代货币理论学派”在美国的异军突起展现出与欧洲不同的风貌，“现代货币理论”虽然在本质上是“国家货币理论”，是“李斯特的问题”，但在美国却主要被用于解决中下层群体的“民众主义”问题。因此，“重新找回

---

① 贾根良，经济学博士，教育部“长江学者”特聘教授、中国人民大学教授，研究领域为经济思想史、演化经济学、创新经济学与科技管理、发展经济学、东亚与中国经济。

主权国家”、反对金融利益集团的支配性影响和回归战后“黄金时代”，这是在美欧发达资本主义国家今后几十年仍将继续产生重要影响的三大经济、政治和社会思潮，因而它是一种综合性的“李斯特、凯恩斯、马克思和凡勃伦的问题”。我们知道，凡勃伦、熊彼特、李斯特、马克思和凯恩斯是我们演化经济学的鼻祖，因此，目前世界的剧变对于我们演化经济学年会在发轫之初就已确立的三个使命具有重大意义。

首先，以马克思主义和批判实在论科学哲学为指导，以引进、传播和创新西方非正统经济学为己任。我们年会的一个主要目的就是利用我们在研究西方非正统经济学、经济思想史和经济史方面的优势，在政治经济学的创新与发展上独辟蹊径。目前世界的三大思潮正在使西方主流经济学日益丧失过去的统治地位，新自由主义在今后 10 年左右（也许 20 年）将有可能退出历史舞台。正如现代货币理论学派的异军突起所说明的，目前世界经济与政治的剧变正在使西方非正统经济学的许多思想和政策主张在西方国家被越来越多的人所了解，乃至被接受，在将来存在着成为主流的可能。我们中国学者也已经在演化发展经济学和新李斯特经济学上有所创新和发展，如我们一直所倡导的“高质量生产活动”和“国内大循环”已经成为国家经济发展战略的核心主张。目前，有效需求不足是世界性的难题，因此，在某种意义上说，“熊彼特时代即将过去，凯恩斯的时代正在到来”，我们年会大部分成员的知识结构大都仍然局限于老制度主义和新熊彼特经济学，不能适应现时代急剧变化的需要，因此，我们迫切需要学习新知识，创造新理论，特别是对年轻一代演化经济学的研究者更是如此。

其次，我们年会一直倡导历史的、比较的、制度的、统计学的和解释学的研究方法，强调经济学的社会科学性质和历史科学属性，强调“文以载道”，反对经济学的数学形式主义。我们不排斥使用数学方法，但目前国内高校对经济学数学形式主义的推崇已经将经济学教育和研究引向了歧途，其研究成果既无思想和理想的光辉，又无充实的经济社会内容，对此我们是坚决反对的。我们年会在推动“经济学改革国际运动”上一直是走在国内前列的，虽然经济学的数学形式主义和西方主流经济学在中国的统治地位似乎越来越牢固，但我们对经济学改革的历史使命仍是充满自信的，历史将证明我们是正确的。正如中国文学史中的“古文运动”一样，我们正在推动经济思想史中自重商主义政治经济学以来作为“主干经济学”的经济学研究传统的复兴和发扬光大，这是一种与马克思主义政治经济学和西方主流经济学相并列的第三种经济学，它代表着经济学未来发展最重要的方向，这是一项值得大家为其献身的事业。

最后，我们年会一直倡导问题导向的治学道路，以解决中国重大实际经济问题为己任。在这里，我要提到与广西师范大学有缘的老一辈经济学家薛暮桥先生。广西师范大学的前身是创办于 1932 年的广西省立师范专科学校，薛暮桥曾于 1933 年 2 月至 1934 年 4 月在此任教。在薛暮桥的引领下，学生们在 1933 年 4 月 8 日举行了农村经济研究会成立大会，当时的杨东莼校长和薛暮桥等被聘为顾问。薛暮桥在货币理论上是有自己独创性贡献的，我将其理论的某些方面看作现代货币理论学派的先驱，薛暮桥的货币理论是在山东革命根据地对敌货币战争中发展起来的，对我们目前针对发达国家的货币斗争仍具有重大借鉴意义。我们演化经济学年会应该学习薛暮桥先生从中国实际出发的治学精神，在经济理论创新和经济政策的制定上为我国做出重大贡献。

中共十九届五中全会通过了《中华人民共和国国民经济和社会发展第十四个五年规划和 2035 年远景目标纲要》，这为我们演化经济学的发展提供了重要的指导。中国演化经济学年会是否也应该有一个到下一个“十二年轮回”时的远景规划？但愿我今天的致辞能够抛砖引玉，引发大家对演化经济学的创新及其所要解决的中国重大经济问题进行深入研讨。衷心希望各位专家学者能够围绕年会主题展开深入的对话和交流，共同探索世界经济与政治“百年未有之大变局”之下中国经济发展的新道路。谢谢大家！

制度及其演化的认知基础：方法与概念（二）①

李建德②

摘　要：本文认为社会基本结构的演化是由序参量的变化引起的。引起社会基本结构发生变化的序参量，一类是互补性的序参量，这些序参量之间不具有排斥关系，可以共存于一个社会结构。当互补的序参量相续增加时，社会的复杂性上升。另一类序参量是时序性的，这些序参量之间是互相排斥的，因此是一个相互替代的关系。在相互替代的过程中，就会出现比较激烈的分叉——动荡、革命甚至战争。以此为基础按照时序研究了人类社会的第一个有序组织（即家庭），及其后续依次出现的市场、氏族联盟为代表的自治组织、国家、企业等社会组织形式。家庭、市场、自治组织、国家和企业既是组织也是制度。它们由一定的成员所构成，也有相应的惯例作为行为规范，结合了一定的规则，而能够采取共同行动。

关键词：家庭；市场；自治组织；国家；企业；制度演化

中图分类号：F091　F069

在人类的社会结构基本框架中生产的技术结构以及相应的分工形态，是自然科学与工程管理科学研究的对象。社会科学主要研究的是制度结构。

从时序上说，人类社会的第一个有序组织是家庭，继后出现了市场，然后形成了以氏族联盟为代表的自治组织。国家的出现标示了人类进入了文明社会。在近代，产生了企业。家庭、市场、自治组织、国家和企业既是组织也是制度。它们由一定的成员所构成，也有相应的惯例作为行为规范，结合了一定的规则，而能够采取共同行动。

一、家庭的演化

自直立人始，人类的大脑容量超过了站立女性产道所允许通过的可能，此时与此后的人类个体只能以大脑还没有完全发育成型的早产儿出生。这就需要大量以及越来越巨

---

① 本刊自 2020 年第 20 辑开始分三辑刊出李建德教授专著《制度及其演化：方法与概念》（格致出版社，2019 年 5 月 1 日出版，125 万字）的精简修订版的论文，其核心观点及其论述与原著作有不同。

② 李建德，男，曾任江西财经大学市场经济研究所副所长、所长，经济与社会发展研究中心主任，经济学院教授，省政协委员。累计已发表成果 170 余项，210 余万字，得到省部级以上优秀成果奖励 15 次。1993 年获政府特殊津贴。20 世纪 80 年代早期的研究方向主要是微观经济学，近些年来致力于制度演化方面的研究。

大的亲本投资使婴儿完成发育，直到形成生活自理的能力。从此，人类面对了亲本投资的稀缺性。这一稀缺性持续地制约（支配或役使）了男女的性选择，成为该历史阶段的序参量，支配着人类的性行为和家庭结构，并由此逐步在行为上区别了人与其他动物。在这个历史阶段，女性的亲子关系与性选择主导了人类的演化进程，并形成了人类第一个并且是关键性的制度——以对偶婚姻为基础的家庭。

（一）形成家庭的随机稳定

人类在演化过程中做了多种尝试来克服亲本投资的稀缺性。首先，寻找自愿帮助为母者养育后代的人。人类祖先一定经过从母居的历史阶段。在这个历史阶段，形成了母亲帮助女儿养育后代，并出现基因变异，或隐性基因的显性化：女性在绝经期后仍然可以存活多年。人类的近亲黑猩猩、大黑猩猩等都一直生育到死亡。在哺乳动物中只有人类和三种鲸鱼可以在绝经后继续长久活着。观察证明，这三种鲸鱼都能扶助养育第三代。在这个历史阶段，还有过母亲的兄弟姐妹帮助其养育儿女，等等。随着亲本投资的不断增加，这些尝试都无法稳定地解决充足的亲本投资。

直到形成了基本的对偶制婚姻关系。对偶关系在部落联盟时期得到第三方即家族的强化，直至国家的出现，形成了基本的一夫一妻制婚姻。

对偶制婚姻关系是博弈的结果。女性为了保证亲本投资，不仅要发现能干、对自己的女人和孩子拥有保护能力、提供充足给养的男人，更重要的是需要他的忠诚，否则再充足的资源也将在被别的女人分享后，成为不充足的。男性为了更多繁殖成活的后代，不仅需要生育能力强的女人，更需要忠贞的，以最大限度地保证所养育的子女是自己基因的携带者。女性为了保障子女的亲本投资，男性为了有更多机会繁殖自己的基因，也可能采用“红杏出墙”与“寻花问柳”等不同的策略，这是一场行为策略多样的博弈。然而，由于女性充足的性供给，有利于保障亲本投资的配偶无法形成随机稳定，女性个体总是失败于男性个体的性诱惑，经常落入自己承担养育儿女的巨大负担之中。人类在解决亲本投资的机制中进行了长期的试错。

在该演化阶段，人与自然的关系第一次成为从属于人与人之间的关系。人类的石器工具在百万年的时期内并没有太大的变化，这说明了人类此阶段的生计方式没有大变化，也说明人类大脑的演化压力并不主要来自人与自然的关系。这时，只有处理好人与人之间的关系，才能解决人类所面临的亲本投资的稀缺性。这对演化中人类神经元网络结构形成了巨大压力，进而对基因增加了演化压力。这是该历史阶段三个达尔文过程共生演化的主题，也由此，大脑超越其他任何动物，有了快速的增长，这也是人类大脑增长速度最快的时期。

直至女性在文化上有了自我性禁忌，人类终于解决了亲本投资稀缺引起的随机稳定，也即女性除了对自己的正式的性伴侣之外，基本上不与其他男性发生性关系。这类性禁忌最可能出现在从母居的队群中，具有同一血缘的女性才能从小养成对女性的行为约束。在演化试错中必然出现过很多种不同的具体的禁忌形式。女性对自身性的约束，从整体上改变了男性在博弈中的支付，使更多的男性自愿回到“自己的女人”，即对偶的身边。女性的性禁忌，是女性整体战胜男性整体的手段。从此，才有了对偶制婚姻关系的随机稳定，形成了除了母亲，主要是父亲承担亲本投资的制度结构。这一制度结构才使人类有可能逐步演化成智人。女性的自我的性约束是人类第一个文化意义上的行为规范，也是使人种成为现代智人的基本行为规范。

（二）家庭的博弈规则

围绕亲本投资稀缺所进行的博弈，形成了对偶婚姻，这一结果又成为家庭组织内的博弈规则。

1. 成员规则

以字母 F 表示家庭，那么，家庭的成员规则以 Fe 来表示。

家庭的成员规则自从对偶婚姻形成起就是比较严格或十分严格的。家庭的成员规则有血缘规则、婚姻规则和收养规则。是否是一个家庭的成员，取决于是否与这个家庭的主要成员具有血缘关系。家庭的血缘关系是一种生物意义上的关系，因此一个人在出生时就有了这种关系，而且在整个生命周期中延续，是一种自然的永久性的关系。

婚姻规则是成为家庭成员的另一个规则，包括婚姻的禁忌规则和婚姻的要件规则；前者是关于什么条件就不能成婚的规则，后者是关于什么条件才能构成婚姻的规则。

家庭的成员规则除了血缘与婚姻规则之外，还有非亲属收养。

对于家庭关系的长期性期望，使婚姻可能是难以退出的，有些习俗甚至是不可退出的。

2. 目标规则

家庭组织中目标规则以 Fo 表示。

目标规则受进入规则或称成员规则的决定性影响。这在家庭制度中尤为明显，在该博弈结构中，可以把目标规则看成进入规则的直接结果。由于进入规则是如此严格，而且几乎是一种永久的关系，故家庭成员之间是一种无限反复博弈的关系。加上亲情之间的镜像神经系统的作用，这也使每个个人的效用函数中包含了其他家庭成员的效用。虑他行为在家庭中是经常性的行为特征。

家庭组织实现共同目标的一种可能方式是全体一致。在家庭这个共同生产和共同消费的组织中，家庭对自然或从社会中获得的总效用决定着个人效用的满足程度。家庭的社会地位也决定着每个个人的社会地位。成员之间共荣共衰，并需要整个家庭成员的共同努力来得以形成和维护。为了取得一致，明智的家长会努力说服各个家庭成员，而这样做的家长也往往更有权威。因此，全体一致在家庭中能够经常出现。

即使如此，家庭的目标规则仍然不能以全体一致为规则。如果全体一致是一项非如此就不可的规则，家庭组织几乎无法运行。家庭的各个成员或多或少都会有自己的个人目标，虽然这种个人目标受到整体目标的极大影响与制约。与其说家庭以一致同意的规则来增进共同的福利，还不如说由于家庭规模如此之小，以至在集体行动中，家长或未来的家长往往就是那个承担主要成本的成员，与主要承担成本者相比较，搭便车者人数很少，所以可以不采用强制或选择性激励成员的方式以提供集体物品。

在家庭中，由于有个别成员的利益的存在，在无法实现全体一致时，总是由家长个人来决定什么是“整体目标”，而这种决定权正是“家长”的基本特征。各个成员可以采取种种适当的方式来影响家长的决策，家长也需要采取适当的方式来说服家庭成员服从整体，但是，当不能把各个成员的利益进行简单加总时，由一家之长所认定的家庭利益要高于任何其他个别成员的个别利益。因此，在家庭组织中的目标规则，实施的是权威规则，这就是家长制。家庭权威就是家长的权威，正因此，家庭的目标规则还受到其职位规则的极大影响。

3. 职位规则

以 Fp 表示家庭的职位规则。

家庭组织与所有由人类自主构建起来的组织一样都是有结构的。家庭组织是有结构的，是指各个成员在家庭中的地位至少功能地位是不同的。成员在家庭中的地位并不是由什么人授予的，而是每个人进入家庭就已经明确，不论这个成员是出生在这个家庭，还是因为婚姻关系或收养关系而进入这个家庭。天生授予我们或至少生来就已预定好的地位，称为“归属地位”；生活中获得或至少是无意中获得的地位，称为“获致地位”。不过，在不同的历史时期，家庭成员地位的具体情况会有所不同。每个成员在家庭中的地位或称家庭中的职位都是归属地位，虽然在其他制度或组织中他们拥有某种获致地位。

家庭中的每一个人都在上述这样的博弈结构中选择自己的行为，并使家庭中每个人的行为成为可以预期的，大大地减少了不确定性，也由此使家庭成为一个组织、一个小社会，并组织起一定的、有目的的合作生产活动和共同的消费活动，其中包括为未能独立生活的成员提供亲本投资。

（三）家庭绩效

稳定的或者比较稳定的成员规则，保证亲本投资相对的可得性与持续性。随着大脑容量的增大，子女的养育周期越来越长，需要承担的教养任务越来越重。女性承担了养育后代的几乎全部具体责任。

母亲与后代在养育过程中有着几年甚至十多年的双向交流，尤其在行为教育中，亲子之间逐步形成了联合意向性行为。对偶之间在亲本投资上也有了合作的联合意向性。在这两种合作过程中需要大量的信息交流。在还不存在有声语言的条件下，包括表情和简单发声在内的肢体语言是主要的交流方式。这使人类的共情能力大大拓展，大脑镜像神经元细胞逐步演化为镜像神经元系统。双方肢体所表达的内心意向，使对方大脑的反应程度越来越强。个体之间的心理界限开始模糊。在这个过程中，人类基本的社会性情绪，如骄傲与羞耻、内疚与悔恨等逐步形成，这类情绪所必需的生理条件的基因得到普及，并使整个种群具有了共有情感。这些情绪是人类把规范内化为制度的基本前提。

对偶关系的形成与逐步稳定，使队群中大部分雄性有了相对稳定的性伴侣，大大缓解了队群中雄性的冲突，并为此后男性之间的合作创造了前提。

自我性禁忌的女性行为规范，不仅决定性地使对偶关系有了性别博弈的随机稳定解，而且，在配对过程中女性成为对偶中稀缺的一方，至少在一定的历史阶段中为对偶关系形成中的主导方。女性选择性伴侣固然以健美为外观表征的基因健全，还由亲本投资稀缺性决定了男性对性伴侣的忠诚度。女性智者必须学会观察与分析男性的各种行为，尤其是虚假行为，并从中筛选出忠诚者。在各种生计活动中，男性既可以和女性一起去采集果实、块根和捕获小动物、禽蛋，又可以讨好进行采集活动的自己心仪的女性。男性也可以在没有女性参与的打猎活动中显示自己的健壮、灵敏，尤其是其中优秀的猎人头领，表现出为人义气、有组织能力、智慧。智慧的女性选择了后者。于是，好猎人是好伴侣成为女性的共识。由此，推动了男人不但专职打猎，而且，大型动物成了打猎行动的首选。从此，演化为性别分工的采集-狩猎生计方式。在简单工具条件下专司打猎的男性以合作追赶围猎为主。这就形成了男性的联合意向行为。反复的联合意向行为形成了行为中的共享信念。

在人类的肢体语言符号化的过程中，凡物和凡行动的概念开始形成，并相对集中于一个脑区。这个过程，在高等灵长类动物中已经开始。在亲子的联合意向行为和与对偶的联合意向行为中，物和行动者的稳定关系、行为主动者与行为接受者之间的稳定关系，使形成这些关系的大脑神经元网络结构逐步稳定。这类联系记录在基因中，成为语法结构的神经元基础。在集体打猎的共享信念形成时期，肢体语言已经无法适应多向同时的信息交流。语言的进一步演化面临巨大的压力。一旦某个队群中出现喉位下降的基因突变，从而能发出便于听觉区分的元音和辅音时，该变异能很快得到扩散，并发展成以声音为符号化的语言。

联合意向行为、联合行为信念和集体意向行为、集体共享信念的形成过程，相应的是符号化并具有语法结构的语言的形成，都对大脑形成巨大的演化压力。大脑的增大和早产儿养育周期延长、人际合作的必要及其拓展等相互共生，终于推动人类演化为智人。

稳定的对偶关系形成了血缘的亲属关系。在此之前，由于基本的性禁忌只是不能在本队群中寻找性伴侣，故人与人之间只有直系亲属关系，即直接的血缘关系。稳定对偶关系形成之后对偶双方原来没有血缘关系的血缘亲属之间成了新的亲属。简单的血缘关系在此后的演化中，能够在血缘和联姻关系的基础上，逐步扩大为大家庭、氏族、部落直至部落联盟。与此同时，内部人与外部人之间的区分得以加强；内部人之间以合作关系为主；与外部人之间则是怀疑与猜忌，一旦发生因强占女性等的冲突，则会进入长期的争斗甚至战争。

以上种种，都是对偶家庭所形成的涌现。

二、市场的市场演化

性别博弈获得了随机稳定后，人类的亲本投资得到比较可靠的保障，大脑快速增大的生育约束得到了缓解。人口的增加，人口密度的逐步提高，队群与队群之间的间隔逐渐缩小。拥有不同自然禀赋的队群之间有了接触的可能。当两个具有不同产品集合的地域出现某种相互接近的机会时，就会发生消费习惯的相互影响，并由此产生对消费多样化的追求，有可能开始尝试实现互通有无的可能。消费多样化的追求是形成不同种消费品之间相互交易要求的原动力。

（一）交易的随机稳定

交易在人类历史上面对的真正困难，在于交易的出现对原有序参量的某种冲突。不同的物品在内部人之间相互赠送称为礼物，交易是在外部人之间进行的。在亲本投资这个序参量支配下，有了内部人和外部人的严格区分。因此，交易在起步阶段并不是容易发生的事。

如何使不同队群之间形成交易，有过很多尝试。主动方把期望交易出去的物品放在一个地方，而参与者藏身；被动方出现，查看物品后，留下愿意交换的物品，同样藏身不见；主动方再出现，如果对交易物满意，即取走所交易物品；如果不满意，则取走自己的物品。这种不见面、不讨价还价而成交的方式，和原有行为规范没有直接的冲突，可能会得到比较多的采用。采用后，还有可能发展出各种不见面形式。不同部落之间，有一对个体成为朋友。虽然朋友之间不能讨价还价，不能交易，但是朋友双方的朋友之间在朋友的牵引或担保下就可以交易了，也有不同队群的族长或氏族的族长出面，代表队群进行交易，等等。

简单的交易，很容易形成均衡。因为是双人一次性的博弈，只要双方对交易的收获满意就实现了均衡。这一次的均衡为下一次相同人与相同商品的交易提供了一个起价的参照，节省了交易时间，但也仅此而已。

即使在最原始的交易中，交易中的信用缺失是无法形成均衡的主要问题。在交易尝试的方式一中，主动方或被动方所留下的物品，都有可能被对方不交易而取走，导致另一方损失的可能，或者预计到有此类情况的存在，一开始就不会有交易的发生。直至中世纪的西北欧，海盗和商人仍然是同一个行业。因此，才会有尝试方案二和方案三，在方案二中朋友是信用担保者，在方案三中族长是担保者。这两个方案都以市场之外的因素提供交易的信用担保。一旦失信，就会引起队群之间的冲突。一旦交易成功，并逐步形成不同类型的交易模式，交易的扩展就容易了。因为这时已经出现的两个序参量本身并不冲突，而是互补的。例如，交易所获得的物品可以作为亲本投资的物资。形成初步的交易后，交易就会成为习俗，最后成为规范。交易或市场关系就出现了。通过无数的试错后，终于突破了非血缘队群之间的敌视与阻隔，形成了交易制度。

交易制度使人类第一次突破了社会关系的血缘藩篱。

1. 交易形态 I

队群在一定的小生境中以采集-狩猎生计获得生活品。这一生境中可出产的物品虽然很丰富，但仍然是有限的。食盐，尤其是一些工具的原料，如能够做成锋利石斧的燧石、黑曜石，以及可以做成有倒钩的箭头的鱼骨，这样的原料并不是所有地方都有。

原始交易具有一个共同的特征，就是所交易的物品都具有一定的效用，交易只是为了消费或称使用的需要。不同的人对同一物品的评价会不同，这是由大脑中多巴胺奖赏回路的特征决定的。产盐地的人和无盐地的人的多巴胺奖赏回路对盐的评价会差别很大；同样，黑曜石产地的人与没有制作石斧的良好石材的地方的人的多巴胺奖赏回路对石曜石的评价存在更大的差异。表现在人的行为上，不同的人对同一种物品，因为稀缺的程度不同，而会有不同的评价。这种差别的存在，是交易发生的基础性原因。考古证明，黑曜石石斧与有倒钩的箭头的交易在史前有着数百年的漫长历史。

双方以自己稀缺度低的物品与稀缺度高的物品的交易，是交易形态Ⅰ。市场是交易的场所，也是交易的规则集合。因此，只要出现了交易形态Ⅰ，市场这一种人类合作的制度形式就开始进入了形成期。

2. 交易剩余Ⅰ

在交易形态Ⅰ中，通过互惠的交易，双方都得到了效用的增加。这种通过交易形态Ⅰ而得到的效用增量称为交易剩余Ⅰ。这个量是效用量，其特征是只有交换者各方对此才有的感受。这是个人的感受，因此在不同的个人之间，即使是对同一组物品的交易所得的剩余之间也无法比较，更无从相加、相减。

问题不在于这种交易剩余的存在，而在于这个剩余的分割。在交易形态Ⅰ中，已经存在交易中的讨价还价。讨价还价，就是交易双方对剩余的分割。分割点的最终确定，取决于很多具体情景：传统、双方的信息、交易对各人的可替代程度、具体的时点中各人的处境、交易谈判的技巧等。不过结果只有两种可能：交易与不交易。

达成交易，说明分割的协议已经达成，取得了共识，双方都认为这个分割是可接受的。通过交易，两个人之间实现了合作，双方都得到效用的提高。市场合作在这里实现的是双方利益的提高，提高的总量就是交易的合作租。达不成交易，或者是因为有一方认为对方所能接受的建议会使自己完全得不到剩余，这个交易对他是没有意义的，因此，他退出这个交易；或者是因为某一方对这个可能达成的分割不太满意，更重要的是他认为还存在达成比较满意的交易机会，这时，两个人之间没有能够形成合作的关系。

3. 交易形态Ⅱ与交易剩余Ⅱ

一旦交易剩余Ⅰ被人们所感受，一种以稳定获得这种剩余的生产，为交易而进行的生产就逐步地发展起来。在生产可交易的不同产品的家庭或部落间形成一种互利的关系。为了继续贸易，为了持续获得交易剩余，就需要发展专门化的生产。于是，家庭或部落间的分工出现了。分工的出现使社会中的一部分人，至少是相对于另一部分人来说更集中地生产某一种或某一些产品。人类社会中的分工开始并不是普遍的，只是有一些产品进入了专门化的生产。不过一旦分工出现，就十分有利于这项生产知识的积累。一方面是熟能生巧，另一方面是所形成的生产技能在家庭中可以代代相传、不断积累，而且还因为对生产技术学习本身的专门化，而提高了学习的效率。

这时，专门从事该产品生产的部落或家庭在生产该产品时，与并不专事该产品生产的部落或家庭比较，生产同等质量产品所花时间之间的差距逐步扩大。一个家庭或部落生产石斧十分熟练，而生产其他的物品则与其他部落差别不大；另一个家庭或部落则生产陶器十分熟练，而生产其他物品则与其他部落差别不大。在劳动的稀缺性日益突显的条件下，交易形态Ⅱ必然要出现。

交易形态Ⅱ，是一种因为生产产品的劳动时间存在着差异而产生的交易。两个不同区域中的家庭，并不是一定不能生产石斧与陶器这两种产品，但开始由于自然禀赋的差别，而后则由于专业化生产的发展，家庭之间仍然会发生石斧与陶器的交易。不过这时的交易不仅仅是因为这两种产品之间对任何一方都存在效用的差别，而且，对任何一方还存在劳动时间上的差别。通过这种交易，家庭（或部落）得到同样水平的效用，所花的劳动时间可以减少；或者，用同样的劳动时间，家庭（或部落）可以得到更多的效用满足。

通过交易形态Ⅱ而使产品生产者所得到的交易剩余称交易剩余Ⅱ。与交易剩余Ⅰ比较，交易剩余Ⅱ已经发生了质的变化。交易剩余Ⅰ是处于个人的效用形态。如果物品的效用还可以采取一定的方式显示，那么，作为剩余的效用连显示都难。因此，它不仅不可比较，而且也是任何第三者难以观察的。交易剩余Ⅱ不同，这个剩余的单位是时间，是实实在在可计量的。虽然，在个体分析中，不同的人的时间仍然是不可比较的、不可相加的，生产石斧的劳动时间与生产陶器的劳动时间之间是不可比较与不可相加的。不过，在市场组织中这也是不需要比较、不需要相加的。重要的是，对同一个人来说，这个剩余量已经是可以比较、可以相加，并且是一个能够由第三者给予客观观察的量了。

交易剩余Ⅱ的重要意义还在于它十分清楚地显示出交易的本质。在这个交易形态中，不但双方可观察地得到了交易剩余，而且，双方得到的都是劳动时间的剩余。交易剩余Ⅱ的出现，还使交易成本真正能够进入经济分析的框架。因为，这种交易是否会实现，不仅取决于各个人各自对生产这两种不同单位物品中劳动时间的比较，还要再加上单位产品交易成本之后所进行的比较。在这里交易剩余是以劳动时间的形态出现，而交易成本也可以归结为劳动时间，因此，对交易双方的各个个人来说，在生产成本与交易成本之间不仅是可以比较的，而且还是可以相加的。从这个意义上来说，交易成本的大小是能否发生交易的决定性因素之一。

（二）市场的规则

在市场中，人们进行交易或不交易的选择。交易是人类合作的一种形式。通过交易形成了合作，并使分工得到发展。通过分工与交易的相互作用，人类合作的秩序就得到了逐步的拓展。市场这个博弈结构的特征，是由市场的规则集合所决定的。市场组织既是人们交易的场所，也是市场中人们行为规则的集合。M表示市场组织。至此，市场还是以物易物的市场制度。我们也只讨论该组织中的三项基本规则。

1. 成员规则

Me表示市场的进入规则，或称市场的成员规则。

只要有交易的需要，任何人都可以参与市场交易，也可以退出原来打算进行的交易。因此，市场制度具有自由进入与自由退出的成员规则。成为市场成员的唯一要求仅仅是自己拥有一定的可交易物品，同时，承认所期望交易的物品被别人拥有。

这一规则的优越之处，在于使任何个人都有了参与社会合作的可能或机会，并使交易双方都由此而受益。这一规则也使人类之间的合作关系可以按任何个人的需要与要求，不需要任何别人或组织的中介，自动得以扩展。

这个规则也使凡在市场这个制度结构下所进行的博弈往往是，至少可以是一次性博弈。这就为人类合作中的机会主义行为留下了广泛的可能。当然，在有过一次成功的交易之后，人们的合作就有了进一步拓展的基础。

这个规则还使市场的制度成本绝大部分都内部化了，即只由打算参与交易的人自己来承担，而且，这也使市场整体运行的制度成本大大下降。即使交易失败，为此而投入的事前的制度成本，也主要由失败者自己承担，不涉及其他没有参与该交易过程的别人。

2. 目标规则

市场组织中的目标规则或加总规则以 Mo 表示。

市场中只存在参与者自身的目标，也由各人自主地判断交易结果的满意程度。个人的效用是组成他个人目标的具体内容，而各个个人之间的效用是不可比较、不可相加的，因此，在市场中并不存在也不可能存在共同的目标，也不需要有共同的目标，甚至不需要对所有市场的参与者之间的目标进行比较，更不需要对各个个人的目标进行加总。正确地说，不比较、不加总正是市场制度的目标规则。

3. 职位规则

表示市场制度中的职位规则或称为授权规则的是 Mp。

在市场中进行交易的人，都只是交易的一方，我们无法具体区分他们之间有什么不同的职能或职权，在物物交易中尤其如此。因此，市场中的人是平等相处的各个个人，只存在横向的交易关系，而不存在某种上下之间的等级关系，不存在某种使市场参与者不能不接受的可能做出授权行为的权威。这也是市场博弈结构的一个重要特点。

市场的职位规则表示着市场是一个自组织过程。它并不需要，也不存在一个不是交易者的组织者。每一个市场参与者只是构建自己所参与的那一项交易或那一些交易，并进入这个范围内的市场博弈。或者说，没有具体的职位，正是市场的职位规则。

市场的职位规则与成员规则相结合，使市场成为一个充分竞争的场所。在任何制度中都存在竞争。只要环境处于稀缺状况，对稀缺物品的使用就存在竞争。在家庭中的各房或各个兄弟之间对继承的竞争，争取家长信任的竞争等，总是存在的。在市场中，既是随时可以进出的成员规则，又不存在任何权威的相互平等的关系，这些博弈规则构成了行为人之间的充分竞争关系。

（三）契约、产权与所有权

交易达成，就有了口头的或文字的交易契约。在契约中规定了双方关于某物的交割。交割了某物，其实也是交换了各人对某物可以做什么和不可以做什么的权利，这种权利称为产权和所有权。

产权是经济学概念，是产权拥有人对该物可以做什么与不可以做什么的规则体系。产权是以物为中介的人与人之间的关系。每个人都必须遵守关于该物的他与其他人之间的相互关系，或承担不遵守这种关系的成本。可以做什么与不可以做什么，有无限种可能，所以，产权包含了无数种权利。这样的权利束是可以分割的：可以从草原地块的全部权利束中分割出草地的放牧权，可以从小水面的全部权利中分割出灌溉权和养鱼权等。

当在权利关系中发生争执时，由第三方确定这部分权利的归属，并被社会公认，从而成为社会的共享信息，这个被确认的部分产权称为所有权。所有权是法学概念，是确定人与物之间关系的，是确指某物的某权利归某人。所有权确认的是有限的权利束。

所有权这组共同信息中最主要的内容是排他性。这是指谁有权可以某种方式使用该物品的权利，而其他人无权干涉他的这一权利。所有者就能够在这个权利范围内充分发挥自己的自由思想并在这个权利范围内进行试错实践，可以获得自由思想所能产生的经济利益，也要承担尝试失败的相关损失。

所有权的排他性并没有阻止产权中其他可分割部分的利用可能性。随着科学技术的发展以及制度结构的变动，在新条件下尚未确权的权利束会被其他人的自由思想发现并尝试运用。如果在使用中出现新的争执，会进入新的确权过程。所有权总是明晰的；产权总会出现不明晰的部分。

从产权关系上来说，以物易物的市场关系就是所有权的交易关系。交易过程可以简要地表达为产权的确认（在市场之外进行）、所有权的界定和所有权的交易。契约中所记载的是所有权交易的共同信息。

三、部落联盟与自治团体

个人用物品的生产与配置，可以由家庭与市场来保障。

物品在使用中不仅有个人用物品，必然还存在着共用物品。人类对共用物品提供的第一个制度尝试是血缘家庭的逐步扩大：队群、大家庭、氏族、部落，直至部落联盟。

（一）形成部落联盟的随机稳定

保存火种的制度安排，是人类关于共用物品的第一个挑战。火的使用有百万年的历史。当人类刚学会使用火时，并不会生火，即使有了生火的方法，生火也是十分困难的，而且，并不是每次都能在一定的时间内完成。于是，适应性的选择是保存火种。共用物品与个人用物品之间并没有绝对的界限，于是，保存火种主要有两种制度安排：按个人用物品安排——由自愿保存火种的家庭进行火种保存，需要火种的家庭就与该家庭每次以一定的实物进行交换，即采取家庭与市场相结合的方式。但是，只有一个家庭保存火种会有比较高的风险，因此，通常需要有两个甚至更多的家庭参与保存火种的事务，以分散火种熄灭的风险。然而，在日常情况下，则存在过度供给。另一种选择按共用物品的方式供给——由确定的、固定的家族保存火种，该家族可能在几个地方保存火种，以避免火种熄灭；而该家族通常也是长族，同时承担了祭祀祖先的责任；而其他家族则在某种程度上保证该家族的日常生活，即一个家族提供共用物品的供给，所有其他家族共同承担成本。在不同的血缘队群中还很可能尝试过其他形式。

这两种方法都是涌现：在家庭加市场的方法中，涌现是各家使用火的净收益之和；由一家提供共用物品，各户提供成本的办法，仍然是各家用火的净收益。后者用火的含义却发生了变化：用火是合作租，是集体利益。集体利益是由共用物品提供的利益，这种利益不能简单化解为分散各家行动的利益之和。保存火种方式的不同选择，对血缘制氏族社会结构的发展有着重要的影响，是一个重要的初始条件。

当各血缘家庭合作所提供的集体利益大于各家的成本时，就能形成该层次联合行动。共同提供共用物品的涌现，即集体净利益是形成自愿的自治组织集体行动的动因。血缘队群的合作层次从最小的大家庭到部落联盟，不同层次的集体行动，提供不同的共用物品，是一个多层次博弈的同时均衡。这与家庭和市场的随机稳定有很大区别。也因此，形成均衡的条件也更为复杂。

以集体行动增加提供共用物品的因素有很多。人口的增加以及人口密度的上升，降低了共用物品的平均成本。祭祖与其他宗教活动是超越家庭的集体活动。血亲复仇日益成为内部治理的重大问题，需要由血缘内部的权威作为第三方来进行处置。道路尤其是交易道路的建设，不论从需求还是供给远远超过了家族的范围。防洪和灌溉工程，越是规模大越是有效益，越是需要超越家族的规划与建设。定居与财产的出现改变了战争形态与战争组织方式，保卫领土与民众的生命成了最主要的共用物品。

共用物品几乎不可能按全体一致的方式提供。因为逃票乘车者是无法避免的。提供共用物品需要在群体中形成一定的个人权威。权威是合法否定一部分群体意见的能力或力量。群体对大人物的舆论抵制，在最低层次，即在大人物形成的历史阶段是形成共用物品供给的主要障碍。之后，在血缘关系内部主要是争夺权威的冲突。随着合作层次的上升，在合作决策中拥有权威者的个人权力也在上升。特别是当共用物品的主要项目是武装保卫后，合作与个人权力都达到这个历史阶段的高峰。

在长期动态中，自治组织是随机稳定的。其中的一个重要原因并不在于单个共用物品提供的效率问题，而是在群体的竞争中，结构化的组织更能发挥并且能够放大个别有才能的领导与指挥能力，从而能在群体竞争中获胜，并使没有能这样做的群体淘汰。

（二）部落联盟的博弈结构

不同的自治组织有不同的博弈规则，至少有规则上的差异。这里只说部落联盟的博弈规则，但仍然以自治组织给予称呼。

以 A 表示自治组织，以 Ae 表示自治组织的成员规则，或称为自治组织的进入规则。

加盟与退盟是进出血缘组织合作的程序，文字还没有发明，于是，可以是默认的或者是口头的。一般有一定的仪式，甚至十分隆重。退盟是十分严重的事件，很少正式进行。因此，血缘组织结盟是稳定的长期博弈结构。

Ao 表示自治组织的目标规则，或称为自治组织的加总规则。

自治组织存在着某种共同利益，这种共同利益就是该组织的行为目标。部落联盟都是有具体合作内容的，并在该内容领域具有共同的目标。在多数情况下在该目标的行动时实施各集体单位的全体一致规则。如果对于某项目标，少数成员缺乏共识，可能选择退出。

即使如此，全体一致仍然不是部落联盟中唯一的目标规则。在重大联盟行动中实施全体一致规则的同时，在就一般问题进行选择时，也会采用多数的投票规则。

Ap 表示自治组织的职位规则，或称为自治组织的授权规则。

在部落联盟中成员职能的区别主要是盟主和其他成员的关系。只是在具体行动时，会有盟主的授权行为。

（三）部落联盟的绩效

血缘组织的合作是提供共用物品的，在这个历史阶段最可观的共用物品是祭祀性的石制巨型建筑或物品。

其实，人类最重要的共用物品是制度。一旦部落联盟形成，就会对原有的其他制度产生影响。首先，血缘家族或氏族中的一部分习俗、惯例等规范会上升为道德。大人物、首领、族长或酋长有动力去强化一部分有利于降低自治成本的习俗、惯例；这时也有条件以宗族的祖先故事、宗教的神圣力量来强化相关的习俗，使背离这些习俗的行为被视为“不道德”的。其次，在群体中，原来就存在的强利他者捍卫着规范秩序，而现在，这些人中的大部分成了大人物、头人、首领或酋长，他们的道德训导以及捍卫规范秩序的努力，与他们的个人私利高度相关了。最后，反规范行为的惩罚行为，成为共用物品，并由群体共同承担成本，也由此在群体中能够承担更高的总成本来维系道德传统。其中，形成家庭的随机稳定的支付，产生着重要的影响，原来是女性自身的性约束，现在成了伦理道德，提升了家庭的稳定性。

与此相应，在部落联盟中，一部分规范会上升为规则。这是由于不同的血缘家族的规范并不尽相同，仅仅依赖规范已经不能协调所有人的关键性行为。这时，提升大部分血缘家族认同的规范上升为整个部落联盟的规则十分必要。大人物、头人、首领或酋长正是实施这些规则的第三方。第三方在实施规则时的成本，也自然会被列为共用物品的范围。而且，大人物、头人、首领或酋长本人的私利，也期望能有效管制群体，尤其是管制其中不自觉遵守规范者。

部落联盟的出现也影响了市场的结构。不论市场形成的试错过程与部落联盟的形成过程孰先孰后，在那个历史时期市场交易中的个体信用，最终必须由血缘家族、氏族来承担。因交易而失信是古代引起争斗的原因之一。因此，大人物、头人、首领或酋长往往会直接控制一部分交易。所控制的程度则与交易的量与交易频率相关，因为这会影响博弈中具体的支付。大宗交易与频繁的交易，大人物、头人、首领或酋长对其的控制程度会高一些；对于分散的、偶然的交易，他们进行的控制则会少一些。不宜简单地认为那时的交易只是部落之间的交易，不存在个人之间的交易。

在对偶婚姻制度下，人类克服了大脑快速扩大带来的亲本投资瓶颈；市场制度克服了地域生产局限性，可掌握的资源大大提高；已经有了一定层次的血缘合作的联盟制度，提升了人类行为的有序性；在完成了具有语法结构的符号化语言后，在 5 万年前，现代智人走出非洲，扩散至除南极之外的世界各大洲。

这是人类第一次的全球化：人口的全球化。

四、国　家

文明史是以文字记载为依据的历史，此前称史前史。虽然文字的发明和国家的出现在时间上并不同步，但是国家制度必须使用文字，国家的需求推动了文字的发明与使用。因此这两者之间也有内在的联系。

于是，可以说国家制度的形成，标志着文明史的出现。

（一）农业生计方式

人类走遍全球，人口密度缓慢地提升，一些拥有比较优越的采集-狩猎生计条件的部落，在市场的支持下，形成了定居方式。在定居的条件下，人们逐步进行植物的种植与动物的驯养，并终于形成了农业的生计方式。在演化中由于具体条件的不同，生计方式与定居方式会有不同的孰先孰后关系。在不同的地理与气候条件下，分别形成了以种植植物为主或以饲养动物为主的生计方式，在稀疏草原则形成了游牧的生计方式。人类的生产技术结构发生了重大的转变。

农耕的生产方式，使得单位土地所能承载的人口大大增加，进一步提高了人口的密度。农耕的生产技术迎来了铁器时代，所驯化的大动物不仅能提供更多的动力，也改变了战争的形态。由此，在不同血缘政治组织的竞争中，农耕文明有能力把采集-狩猎的生计方式挤压到边缘地带。直到今天，仍然有极少的边缘地区保留有采集-狩猎生计方式的部落。

农耕文明替代氏族文明，不仅是生产技术发展的结果，更是人类群体之间制度竞争的胜利。人类迎来了农耕文明时代。农耕文明在世界的普及，跨越了很长的历史时期，这是人类的第二次全球化过程：农业全球化。

（二）国家的随机稳定

随着生产的进步，生产组织过程的复杂程度也相应增大。这使血缘组织内部的社会结构发生着变化。在农业生产中已经需要天文与气候学的指导，需要水利建设与相应设施的管理。人类学的许多个案表明，生产的发展意味着地域中“头人”作用的加强。他们使其亲属更加辛勤地劳动，而相对少地消费，由此使他能在群内提供相关共用物品。这些“头人”与亲属之间的关系有了新的规则。例如，渐渐地耕作农田和利用资源已不是个人的权利，而是分配的任务；生产食物者不再是“头人”的追随者，而是被统领的农民。生产的组织者与生产品的再分配者，也不再是族长而成了酋长或国王。

国家产生的更重要的源泉是战争烈度的增加及其战争组织的强化。农业中土地，包括水文与气候对产出的影响巨大。少数地理条件优越的农业的先发展地区中，部落之间更容易发生争夺盟主的战争。随着战争规模的扩大与战争时间的延伸，战争组织者就需要有更强的再分配能力。与此同时，战争性质的改变也增强着个人的权力。掠夺性的战争在取得胜利的同时，能够获得大量的战利品，而战争中的首领就具有了分配这些物品的权力。能够在连续的战争中不断取胜的首领，个人权力也就不断上升。

武力争夺中存在对内与对外的双重关系。对外，武力争夺是零和博弈，赢者通吃，输者族破人亡。众多人共同参与的武力竞争，铁器与马力的使用，战术、战役甚至战略及其指导思想的出现，使武力具有显著的规模经济，迫使联盟的层次不断升级，并竭力破坏对方的联盟关系。对内，武力是共用物品。该共用物品有与无、是否足够强大，存在巨大的利益得失差。为此，只要还能生存，血缘组织与个人的任何付出都是值得的。在巩固联盟时，克服逃票乘车具有极端的重要性，直至强制的必要，而武力正是强制力的保障。

此时，武力成为最稀缺的要素。具有最强武力的血缘组织，才能成为盟主。一旦成为盟主就有了更强的武力与相应武力、资财的支配权。集约农业出现的同时，战争掠夺的经济意义也提升了，相应地，以武力保障经济与社会生活的意义也上升了。于是，武力的支配意义逐步上升。国家的出现，标志着武力成为序参量。这是人类的第一个时序性序参量，时序性序参量是随着历史的发展会相继被替代出现的序参量。

在以对外战争为主的部落联盟中，一般民众把消费压低至仅能生存的水平，以提供武力保卫自身生存的权利，而拥有公共权力的上层社会则能够过着奢侈的生活。酋长权力越是提高，过度掠夺的风险越大。私有财产权利对社会结构的负面影响显著上升。对低层和底层民众的过度欺压、上层争夺盟主、盟主继承的不稳定，是部落联盟不稳定的主要因素。

在世界少数几个地方的部落联盟，完成了公权力家族私有化的过程，标志着人类社会出现了国家制度。公权力家族私有化，即国家最高领导是在一个家族中传承。为保持最高权力能够代代相传，家族化的最高权力不至于过度压榨民众。这也避免了每次盟主地位传承时的不稳定局面的出现。在宗教、神话、道德等文化因素的支持下，削弱了其他统治集团争夺皇位的能力。由此而达成了国家制度的随机稳定。从此，国家制度成为地域概念，不再只是部落联盟等以血缘为基础的组织，而该组织的最高权力归家族所有，也是人类社会关系演化中的路径依赖。国家制度的本质是合法的权威，权威是改变他人偏好的能力。在这个阶段，这个合法的权威被一个家族所垄断。最高权力归于一个家族的国家形态，称为国家形态Ⅰ。

极少数原始国家的出现，都是一系列“黑天鹅”事件的结果。但是，一旦国家制度在某个地区形成，便会推动周边地区的部落向次生国家发展。建立国家成为早晚会出现的必然性事件。

（三）国家的博弈结构

即使是专制国家，也并不是什么都能皇帝个人或小集团说了算。国家形态 I 仍然是，也只能是一个多方参与的博弈结构。用 S 表示国家组织。

1. 成员规则

以 Se 表示国家组织中的成员规则或进入规则。

国家组织的成员是由所属地域中的全体个人所组成的。在现代，国家的成员规则也就是“国籍”。不过，并不是在领土范围内的人都是该国的成员，而领土之外就没有其公民。这两个概念并不重合。一般以某人父母的出生地决定他是否为该国家成员的一个基本规则。任何一个人又总是某个家庭的成员，因此，又可按一个人出生时家庭的国家成员资格来确定他本人的成员资格。国家成员资格的其他的取得还有（非婚生子女）认领、收养、立法的或行政的行为等。

在农耕社会中，个人很难离开自己的家庭而独立生活。家庭不能没有土地，不论是自己拥有还是只拥有使用权。因此，家庭总要依赖于某一片国土而生存。在很长一个历史阶段中，家庭的成员资格与国家的成员资格是近乎重合的。

当然，个人存在着从一个国家制度中退出的可能。这种可能的现实性取决于退出的成本。在历史上，退入深山老林过隐居的生活，就是农民或某些文人从国家制度的退出。在现代，则是移民他国。

这个成员规则决定了国家制度中个人与国家组织之间的博弈结构是重复的，在通常情况下甚至是无限次重复的。一个人在国家中的行为，不仅要顾及自己的现在、自己的将来，还要顾及自己的后代。这往往使人们即使生活在一个不能令自己满意的国家中，也基本上采取合作的至少不是对抗的行为。这是国家制度相对于所要协调和所要组织的合作范围而言，有比较低的制度成本的一个重要原因。

2. 目标规则

以 So 表示国家组织中的目标规则或加总规则。国家提供什么共用物品、提供多少以及如何提供等的决定过程，就是国家整体目标的形成过程。形成整体目标的方式，在现代称为公共选择。

国家组织中是有共同目标或称整体目标的。共用物品就是国家共同目标的存在形式。这是一种不同于个人目标的整体目标，不同于个人利益的整体利益。人们从共用物品的消费中所得到的福利，是一种个人所能感受到的具体的整体利益或称为共同利益。单个的个体既无法提供国家所提供的共用物品，也无法以个人用物品来替代国家所提供的共用物品，也无法把国家提供的共用物品化解为个人用物品的利益，这两者有性质的不同，不可替代。他只能以一定的方式参与国家提供共用物品的决策过程与参加提供共用物品的集体行动。

个体参与国家共用物品的决策，采用多数规则并不容易得到稳定的结果，在决定共用物品的公共选择中就难以甚至是不可能形成一致的共同信息。事实上不具备共同信息，将使国家组织的事后制度成本大大提高。多数规则即使是一个规则，也是近代才有的事，因为，成人的普选权本身也只是现代才有的：英国迟至 1929 年才批准普通的成人选举权；法国直到 1945 年；瑞士是 1971 年。在人类历史长河中的绝大部分时期，并没有实施，也不可能实施这一规则。可见，这不可能是国家组织中关于目标的基本规则，而是某个基本规则在一定历史条件下的具体表现。

国家制度更不可能实施全体一致的规则。在市场与国家这两个博弈结构中，一致同意的含义是根本不同的。在市场中，一个人愿意而另一个人不愿意进行的交易，仅仅是这两个人之间的这一项合作不能发生。但是，任何一方都不可能阻止另一方甚至阻止任何人与别人进行合作。合作仍然会出现，只是具体参与人会有所不同。所以，在市场制度中全体一致同意是一个基本规则。然而，在国家组织中，如果真要实施全体一致同意的规则，那么，只要有一个人不愿意，哪怕是稍微地不同意提供某一项共用物品，那么这个国家中的所有其他人，而且不论他们对该共用物品有多强的偏好，也无法得到这一共用物品。这是一个人对全体的独裁!

在社会经济的发展过程中，产生了人们对种种共用物品的迫切需要：如果没有这些共用物品，将导致他们在效用上和效率上遭受重大的损失。达不成在共用物品上生产与消费的合作，人类全体都将不可能进一步地面对稀缺的世界，人们的福利将回到氏族社会晚期的水平。而且，随着社会经济的发展，人们在生活中还越来越依赖于共用物品。因此，如果全体一致竟然成为国家组织中的目标规则，既不能保障个体的权益，也使社会失去了整体利益。或者说，这根本不是一个经济学中甚至是社会科学中的适应性规则。

在国家这个博弈结构中，能够降低合作成本的，不能没有“权威”。“权威”这个词，而不是“强制”这个词，因为权威可以强制地实施，也可以非强制地实施。在不同的社会历史条件下，能以不同的方式来形成可信的权威，以降低国家组织的制度成本。在出现大人物的原始部落时期，为公众利益的无私奉献和带领部落取得战争的胜利甚至是连续的胜利，是形成可信权威的重要方式。以后，君权受命于天或君权神授等，都曾经是形成权威可信性的重要意识形态，发挥着降低制度成本的作用。权威的真实背景，则是武力。

决定什么才是国家的整体利益时，国家权威起着决定作用。决定权威具体形式的是权威实施的可信性，是权威实施的成本。凡能够降低权威实施成本的形式，就是具有适应性的。在国家形态 I 中，决定国家目标的是皇帝家族及其极少一部分统治集团以武力为支撑的权威。

由于共用物品没有参照的价格，而分享共用物品的所获，尤其在频繁的战争中生命与安全是无价可计的，加上统治集团对权威与强制的过度动用，普通民众的生活始终被压制在最低生活水平。由此，统治集团可以获得合作剩余的主要部分，并以这部分剩余为文化的发展提供了可能。

3. 职位规则

以 Sp 表示国家组织中的职位规则或授权规则。

国家组织中的成员分为两个部分。国家是由全体公民所组成的。国家提供的共用物品，每个公民都能够使用。每个公民也都有纳税与服兵役和劳役的义务。这一部分成员并无此外的职能规则。这一部分职位，和家庭的职位规则相似，是人们的归属地位，是人们出生时就已经确定的。

另一部分公民是行使国家职能的成员，并由这部分成员组成为政府、军队和其他国家机构，参与了国家提供共用物品的职能。

但是，共用物品的提供是需要分工合作的，所以，中央与地方的国家组成成员，都具有一定的职能岗位或得到授权的职能。在国家出现的早期就有了军事与行政（治理）职能的区分。国家所提供的共用物品多为大而不可分的，如由军事武装提供的本国的防卫与对他国的进攻、大型水利工程、外交谈判等。这需要越来越多的参与者分工完成。国家的军事与行政逐渐成为第一个大型的复杂管理结构。其基本原则是在选择性激励下的科层组织：组织有层次，不同的层次完成不同的任务；每个层次有不同的部门，每个部门完成不同的任务；每个岗位上的人执行着不同的职能，按任务的易难与责任大小给予不同的激励；从采邑、封地、战利品分享、包税直至薪俸。不论政府成员的私利是什么，也不论其适应性行为中有多少是出于虑己、多少出于虑他，都能比较有效地参与该国家中共用物品供给的合作行为。

中央与地方的关系，是国家形态 I 的随机稳定出现失衡的重要因素。凡规模稍大的国家中重要的职位规则是对地方主政官的授权。首先出现的形态是自然的演化，即分封亲王，也就是血缘家族在地方上的延伸。神话皇帝家族，也就为这些地方主政官在武力达到一定的支配力量时，或分裂国家或夺取中央政权创造了条件。一项重要的试错是奴隶任军事领袖，并不允许成家。这是反用血缘关系。然而事实是一旦拥有了军事成就，取得支配力量，奴隶就会成家育子，会比亲王们更快地走向分裂或篡权。唯一在华夏民族的试错中取得了实质性的进展，经过亲王制、亲王与大族举荐制的结合、大族举荐制，最后形成了科举制：通过科举制选拔官员，官员由考核制确定升迁，官员定期轮岗制避免形成地方势力。这些不仅克服了在该国家形态下中央与地方的冲突，结束了地方公权力家族私有化的路径，还在国家形态 I 中，激励了民间广泛学文习武，并拥有制度化的上升通道，保持国家政权人才的充足供给，缓冲了皇帝家族的退化。中华大地能够在每个大乱之后，先后重建了几个长达 300 年左右的国家政权。这在农耕文明时代是独一无二的。这是中华文化国家的制度遗产。最早形成国家形态 II 的英国，也接受了这份遗产，直至目前才打破了国家制度在时间延续上的这个纪录。

（四）国家与已有制度

国家是地域性概念，于是，必然会对该地域中已经存在的家庭、市场、自治组织（或部落联盟）产生重要影响。

1. 国家与自治组织

国家制度是从部落联盟脱胎而来的，都是提供共用物品的，这两个制度存在内在的冲突。

在一些地域中，当皇族的势力削弱时，又没有足以替代的武装集团，国家制度会退回到部落联盟；之后，时机成熟还会形成国家；甚至反复拉锯。倒退的形式除外部的入侵外，还有通过各部落酋长的联席会议，如长老院等的投票，否定家族的王位继承权，等等。

当国家出现后，提供共用物品中的规模经济，决定了凡国家愿意提供的部分中都会排斥自治组织。在部落联盟时期已经存在了一些自治组织，如工匠的组织等，这有两种情况。一类是在强有力的中央集权的国家中，这类组织经过国家的改组，成为协助国家执行某些政策的助手，交纳税费，战争中征集专业技术人员等。同时也会保有相关的互助功能。在个别国家甚至把同业人员与阶级或阶层身份等同起来。于是自治组织大都在国家治理的边缘，会允许自治组织作为国家与市场或国家与社会的联结而存在。

另一类情况主要在欧洲，那里的中央集权较弱，不但在国家内有独立性比较高的行业互助性的组织，而且，在很早的历史阶段就出现了由居民中的大家族进行自治的城市等形态。这是欧洲，尤其是西欧此后制度变迁时的一个重要初始状态。

国家的出现，由于其博弈结构的特点以及它所提供的共用物品，为在国家领土范围内的其他互补的组织提供了大幅度降低制度成本的可能。国家所提供的一种共用物品就是制度本身：法律。法律在起始时的重要意义，就在于把非正式规则上升为正式的、成文的规则，从而使相关的随机稳定中多数的数量大幅增加。

2. 国家与家庭

家庭制度是社会的细胞，国家治理中以法律来保障家庭制度的稳定性。在农耕社会中，男性是主要的经济、政治与军事的支持者，因此，这个时代中国家所保障的是家庭中的男人，而女性的权利在大多数国家中是被边缘化的。多数实行从夫居，家庭财产的继承也多以男性为传承对象。

为保障后代投资的稳定性而自愿形成的女性的性禁忌的习俗，在部落联盟中成为重要的道德评价，在国家中则成了男权的象征。在基本的一夫一妻制中，掌控经济的上层男性可以合法地实行多种形式的一夫多妻制。

3. 交易形态Ⅲ

国家为降低市场交易费用从而推动其发展发挥了十分重要的作用。随着交易形态Ⅱ的发展，交易得到了更大发展的可能，尤其是在交通汇集之处。

交易形态Ⅱ出现随机稳定的困难之处在于需要出现如下情形：当我需要那种产品时，生产该产品的人也正好需要我生产的产品。为此，不得不等待交易的机会。为了降低搜寻交易伙伴的成本，或者说在一时没有能找到合适的交易伙伴时，交易者把自己的物品先与一种最通常的交易物，因此也就是最容易被交易的物品相交易。例如，石斧、带倒钩的箭头、陶器、盐、中世纪北海的鱼干、西伯利亚的毛皮等，当以后有了合适的交易伙伴时，就可以用这种最具可交易性的物品交换回自己所需要的产品。这样的两次交易与漫无边际地搜寻交易伙伴相比交易成本低得多，这正是市场的适应性演进。

最容易出售的物品，是指物品在市场中的一个特征。这个特征与该物品自身的一个重要属性相联系，即对社会中的大部分人来说，该物品的边际效用是比较稳定的。因此，货币也是一种商品，不过是一种具有最大交易可能性的商品。各社会都会通过适者生存的法则，选择出具有最大交易可能性的商品，作为这个社会的交易媒介，并成为文化传统而存续下来。一旦一种具有最大可交易性的商品在习俗中成了交易媒介，这时，它自然也就成了支付手段。因为不论一个人需要支付什么，都可以用这种商品作为一种替代来实施。

这种具有最大交易可能性的作为交易媒介与支付手段的商品，会逐渐稳定在某种金属，尤其是贵金属上。这是由贵金属自身的特点所决定的。因为这类商品具有轻便、可分割性等特点，日益被更多的交易者接受为交易媒介与支付手段。当市场习俗逐步形成以贵金属作为交易媒介后，具有最大交易可能性商品，就为货币的出现提供了可能。以贵金属商品作为交易媒介与支付手段，开始只在小范围流行，这很可能是私人契约的结果。随着流通范围的扩大，私人信誉就不够了，就需要通过国家制度的权威，以法令形式使之成为通行的交易媒介与支付手段，这种具有最大交易可能性的商品才真正成为货币。货币是市场制度与国家信用制度的某种结合。

通过最大交易可能性商品的媒介，能够在不减少交易剩余的前提下，降低寻找交易伙伴的成本。而且，由于经常需要把各种商品与具有最大可交易性商品进行比较，这种比较中所形成的比例，能成为习俗而趋于稳定，使这种比较的成本也有所下降。分工越是发达，可能的交易链越长，交易的次数越多，降低交易成本的作用就越是明显。这里，仍然是平均制度成本在发挥作用。人们不会为偶然的交易而演化出货币这种制度，因为，形成货币所必要的共同信息与为几种物品的交易即使是广泛地搜寻交易伙伴的成本相比，还是太高了。只有在交易频率有了足够的提高，形成货币所必要的共同信息的总成本能够被分摊到无数次交易中去时，才能使形成货币制度的平均成本大大降低，货币制度才是适应性的。

货币在市场中的出现，不仅使交易费用大大下降，还使交易的形态发生了重要的变化。当交易的比例成为习俗，并且以货币作为交易的媒介后，个别人的交易过程具有了以下的形态：

一把斧子=20 元

20 元=两件上衣

这种交易形态，称为交易形态Ⅲ。

4. 交易剩余Ⅲ

新的交易形态使交易剩余取得了货币的形态。通过交易形态Ⅲ而取得的交易剩余，是以货币这个看得见、摸得着的形态存在，而且可以握在自己的手中，或者放在家里的钱盒子里。这些通过生产与交换而得到的交易剩余，还能够通过支付过程在整个社会中进行某种转移和集中。这时的交易剩余，既不同于交易剩余Ⅰ以效用的形态而存在，也不同于交易剩余Ⅱ以可观察、可自我比较的劳动时间形式而存在，而是可以离开生产过程，可以离开消费过程独立存在。这种交易剩余的形态称为交易剩余Ⅲ。

由于货币的币值是由国家的权威强制实施的，一元钱就是一元钱，不论这一元钱在谁的手中，也不论它是如何得到的，更不论这一元钱准备如何使用。因此，当交易得到了它的剩余形态Ⅲ之后，各个人的效用在事实上成为可比较的。而且，这还为效用的基数分析提供了可能。这种可比较性不是来自个体分析，而是出于国家权威的存在，出于经过了某种整体分析，才可能得出的属性。不过，货币的币值是国家权威强制的结果，“一元钱就是一元钱”是国家制度的规定。而且，这仍然无法改变在不同的人手中，一元钱的效用在事实上是不同的。用货币的币值作为效用的尺度，对于同样的一元钱来说，必然低估了，有时还大大地低估了穷人得到它时的实际效用；高估了往往是大大地高估了富人拥有它时所能得到的实际效用。这就是马克思常说的那种“形式上的平等”，而有着“事实上的不平等”。

（五）国家与产权

市场交易经常与反复地出现，不仅需要由国家支持的货币，还需要由国家支持的所有权。

交易中商品的所有权，并不在于所有者自认拥有处置某物的一定权利，而在于除他之外的人对相关所有权的首肯和认同，必须成为社会的共享信息。只有当其他人承认他是所期望物品的所有者时，他才能有效行使他的所有权。

在偶然的交易中，只要交易双方对各自的产权得到确认即可。契约——即使是口头的、非正式的达成，也就是对各自产权的确认，这样的产权，并没有得到未曾参与交易的其他人的认可。当某个未经认同该产权的人，正好与参与人在交易中所获得的产权发生冲突时，就会产生事后的交易成本。但是在交易频繁出现后，交易量扩大，经常参与交易的人多了，每个人参与交易的次数也就上升。这使一种产权与另一种产权发生关系并由此而发生冲突的可能大大上升。市场的事后制度成本的上升，使得仅在私人交易契约中确认的产权制度的效率下降。要使市场中私人交易契约所确认的产权被所有的社会成员所认同，就需要国家的权威。国家一旦成为产权的仲裁者与保护者，就能使产权的所有权特征得到公共的确认，使市场制度的事后成本大大下降，从而提高市场制度的效率。这也意味着国家组织促进了社会分工的发展。

为此，国家需要提供一系列的法律，确定什么样的私人契约是合法的、什么样的私人契约是不合法的。合法的私人契约也就是国家同意给予保护，当发生冲突时会给予仲裁的契约。这时，凡是私人契约中合法条款所确定的以及国家相关法律已经确定的产权，也就成为对全社会而言已经明确界定了的所有权。此外，为了降低界定物质资料产权的成本，国家不但提供货币的权威性、提供所有权的保护制度，而且，需要把民间已经存在的种种界定所有权的度量衡制度统一起来，从而容易形成所有权界定的共识，减少交易中的矛盾与冲突，降低界定所有权的成本，等等。

五、企　　业

从直立人算起，人类形成婚姻的随机稳定，经历了近 200 万年的试错。现有考古资料估计，市场的出现是在 5 万年以前。血缘组织的逐层结盟，到形成部落联盟，至少演化了几万年的历史。部落联盟与国家制度在先进地区的拉锯时期，在 5 000 年以前。人类在 1.2 万年前开始种植植物、驯化动物，并产生了农业的生计方式。国家制度形成后，家庭、市场、自治组织和国家一起，进一步推动了农业的发展。

（一）农耕文明的后续发展

以种植业为主的农业，相对于畜牧业为主的农业，对土地的依赖性更高。大规模水利建设和保卫国土的需要，尤其需要国家的规模经济和范围经济。在这样的地方更容易形成中央集权的国家制度。

国家制度使社会的稳定程度大为提高。这为农业生产技术的提高创造了有利条件。

（二）土地主义社会

在血缘组织中，农业的起步是建立在土地氏族公有的基础之上的。农业生产的工具，尤其是重犁的使用，需要集体劳动。国家建立后，贵族的土地是其采邑或封地，农民成为他们的附庸。这是农耕文明的初级状态。

随着农业工具的发展，尤其是铁犁与畜力的使用，家户成为农业的基本生产单位。在这样的生产技术结构与分工形态下，土地私有化必然要出现。早在公元前，在中华大地已经出现土地私有化的萌芽。与土地私有化相应的，军事结构与采邑或封地不能不逐步脱钩，兵员实行兵役制并由国家赋税筹集军费。到宋朝，对私有土地的耕作体制有了完整的制度安排。一方面存在大量的自耕农，另一方面拥有较多土地的人除自己耕种外还需要雇用短工或长工；也有土地所有者把土地租给自耕农耕种并收取地租。为此，存在各种复杂的契约关系。在形成契约关系过程中，土地成了最稀缺的要素，土地所有者拥有左右结果的能力，租用土地者、短工或长工等实际农耕者只能保持最低的生活水平。与此同时，农户家庭内形成男耕女织的合作生产。社会也由此有了广泛的经济作物与手工业生产的基础，形成了发达的商业经济。在此基础上的国家制度在法制治理、科举制度、科层制度下，虽经多次的混乱时期，但仍然出现大乱之后的大治，曾出现过几个长达 300 年左右的公权力家族私有化，即国家形态 I 的政权。在这个历史阶段，中国的社会结构是农耕文明的高级阶段，称为土地主义社会。

农耕文明中的低级与高级两种形态，加上局部的奴隶制生产，统称为纳贡社会。

农耕社会在自我发展中，都会进入土地私有化的方向，在土地这一时序性序参量的支配下，也就会进入土地主义社会。然而，在农耕文明的偏远地区出现了第二次农业文明，随后出现了新的序参量，改变了这个历史进程。土地主义社会没有成为普遍的社会形态。

（三）第二次农业文明

罗马帝国消亡后的中世纪，一时出现国家制度的真空。还处于氏族文明的日耳曼等民族，进入了欧洲主体，由此开启了一次新的农业文明，史称农耕社会的二次文明。在生产的技术结构层面，二次文明继承了先发展农耕文明的优秀成果。这些地区的雨水农业大不同于灌溉农业，并不需要更多的共用物品，长期处于采邑-农奴的社会结构，国家的规模也比较小。国家制度的相对薄弱，使原来就存在的自治城市等其他自治制度形式有了更多的空间。先发展的农耕文明又为他们准备了比较大的市场。从事手工业与商业的条件，已经大不同于先发展的农耕文明形成时的条件。因此，手工业与商业可以在农业的基本制度之外，得到孕育成长的更大空间。人们开拓了陆路的丝绸之路，开始了跨洲贸易。交易成本更低的海路贸易与航海技术共生发展，从小海域的地中海东部爱琴海贸易开端，经过地中海贸易、北海贸易，再到大西洋贸易，直至跨洋贸易。越是远距离的贸易，资源禀赋差异越大，消费习俗的差异也越大，因此，也就有获得巨额贸易利润的可能。更重要的是，远洋贸易的每个往返周期越来越长，风险越来越大，为了实现规模经济与范围经济，每次所需的资金也越来越巨大。一系列相关的商业技术如复式记账法、银行制度、保险制度、专利制度等得到了发展。

在种种条件的支持下，二次农耕文明的欧洲终于经过远洋贸易，开创了工业文明。

（四）资本成为生产要素

货币是交易剩余Ⅲ的表征，同时也是支付手段。拥有了货币，就是获得了可以支配剩余的信用保证，从而可以货币购买自己所需要的市场上所有的货物。物质生活资料的稀缺，意味着交易剩余的稀缺性，也意味着货币的稀缺性。稀缺的物品在居民中的分布是不均衡的。尤其是货币的稀缺性所导致的分布，更是十分不平衡的。

随着海洋贸易的距离逐步增大，远距离交易所获得的利润量和利润率越来越高，但是，贸易所需要周转的时间大大增加。如果每次的交易量不变，则平均交易成本可能是上升的。为了降低平均交易成本，就需要有越来越大的船舶并交易越来越大量的货物。为了实现规模经济与范围经济，就需要有更大量的垫付资金，建造或者租用更大的船舶，购买更大量的商品、聘请航海能力更强的船长、雇用更多的水手来掌控远洋航行。同时，随着远洋贸易的风险的上升，管理越来越复杂。

在非农生产领域，手工工业中经过工场手工业，生产中的规模经济与范围经济推动了机器的发明与使用。随着生产规模的扩大，所需要的预付资金也越来越多。与此相应，生产的管理却越来越复杂，而生产过程却越来越是重复的、简单的过程，对劳动技能的依赖大大下降。

在这样的贸易或生产的技术结构下，组织起贸易或生产所需要的预付货币越来越高昂，能够拥有预付货币的人在总人口中的比重大大下降。1688 年，英国约有 36 000 个家庭年收入超过 200 英镑，只占家庭总数的 2.6%。而在 1700 年的伦敦，要办一个拥有 40 个工人的印刷厂，投资就在 500~1 000 英镑，但办一个炼糖厂，投资在 5 000~25 000 英镑，而工人数只有 10~12 人。或者说预付货币的稀缺性大大上升了。

拥有了经营远洋贸易或经营工厂生产的预付货币，才能获得运营或经营的收益。货币的交易媒介的信用性质，使其可以作为支付手段，而相对集中起来的支付手段，可以在相当规模的经营模式中把所有的生产条件集中在一个人或少数人的手中，从而获得贸易或生产的剩余，这就成为资本。资本是能够集中起全部生产要素的剩余积累，是能够带来剩余的剩余积累。

不过，要把货币转化为获得剩余的资本，还需要经过特殊的制度安排。

交易形态Ⅳ：

农耕文明向工业文明转型的关键是企业制度的出现。

企业的核心是具有创新思想又具有实施能力的企业家。不论启动一项远洋贸易还是建立一个工业企业，首先需要发现商业机会，需要有创新的商业或产品的市场思路。同时，必须要把创新思想贯彻在整个运营过程中，从而能在市场上实现。这期间需要克服大量市场的不确定性。企业主是否具有基本的这两种能力，任何人在事前都无法知道，只能由市场在事后给出结果。

为了能够实现自己的创意，又必须使全部经营都在自己的可操控的条件下，就必须自己拥有实现创意的所有经营条件，即各种商业或生产的要素。如果超出自己家庭所拥有的可能时，就必须使用他人的生产要素：劳动和资本。如果他除了创意和执行能力之外一无所有，因为没有可信的担保，没有人会把自己的要素供他使用。只有他投入货币购买所需的厂房、设备等后，他的投入能力向要素所有者担保了自身的偿付能力，他才能和要素所有者进入谈判程序。所以，企业家在业主企业的历史阶段必须是一个资本家。企业家的才能是事后才在市场中显示的，而资本家则必须是在签订合同之前。企业家必须是资本家，而资本家不一定能是企业家。单纯的资本家是食利者，也可能是投资企业家。事前必须是资本家的身份得到了充分的关注；而事后才能确定的企业家身份却容易被忽视。

企业家需要使用他人的要素，经过谈判形成契约，该契约称为要素契约或要素合同。构成企业的要素契约是不完全契约或不完全合同。尽管任何跨期交易的契约，包括家庭的劳务契约在内，都不可能是不完全的。因为无法预测跨时期中可能出现的一切情况，即使知道也不可能在契约中完全罗列。但是，只要契约最后有“一切未尽事宜，由双方协商解决”，明确了一切不可预测事件发生时，如何处置是双方共同的权利。这样的契约仍然是完全的。

形成企业的要素契约不同。一方面，合同中明确区分了合同权利和剩余权利；即合同中对要素价格和支付方式都有着明确的规定，这是合同权利；合同中没有明确规定的权利是合同的剩余权利，主要包括剩余控制权和剩余索取权。另一方面，这两种权利的分配是不对称的：合同权利归要素所有者，而剩余权利归企业家。这一区分使企业家与要素所有者的责任与权利有了严格的划分，才使企业家能够拥有充分的控制权去实现自己的创意，并由此而获得剩余索取权，而一旦失败则必须自己承担全部责任。历史数据显示，业主企业 3 年平均成活率不到三分之二。三分之一的失败企业的业主是资本家，但市场并没有认可其企业家的才能。因此，在构成企业的博弈结构中，企业家的责任和义务是该博弈达成随机稳定的要素。构成企业的要素交易及其合同安排，是交易形态Ⅳ。该交易的剩余，即交易剩余Ⅳ：剩余控制权和剩余索取权是企业运行的基本条件。

在各种人群中，拥有处理创新能力同时又具备处置不确定性能力的分布是十分不平衡的。愿意并能实施期望结果的，只能是少数人。要素契约实现了一种分工。契约的一方是资本要素和劳动要素的所有者，他们不需要创新，从事重复性的工作，并把剩余控制权移交给企业家。交易的另一方是企业家，同时他还必须是资本家，是别人的资本与劳动要素的使用者，他主要处理创新和处置可能出现的不确定性，拥有了合同的剩余控制权，从而形成了由契约决定的执行权威。和市场契约不同，要素契约双方的真正合作是在契约签订之后，在企业这个场所内。企业合作的特征就是人们只在市场上达成一个在此后一定时期内，按照企业家个人为实现自己创意把生产要素集中在自己手中，并在运营中处理不确定性的过程中继续合作的协议。

这类合作使不具有创新能力、缺乏处置不确定性的人们，也能参与创新和处置不确定事物的合作，大大扩展了人类整体的创新活动。这是交易形态Ⅳ的涌现。

由这样的要素合约形成的企业，称为业主企业。在这个博弈结构中，最稀缺的要素是企业家才能，然而，能发起合同谈判的则是资本家身份。企业主在谈判中占据主导地位，尤其在资本主义发展的早期，在谈判中资本家必然会把劳动的收入压到最低生活水平。由于企业家有了一定量的初始的沉入资本，兼有资本家的身份，要素合约才能成为随机稳定。区分企业家与资本家是理解企业制度的重要一环。

这是继国家制度创生数千年后的一个新的制度，是人类在那时建构的最为精巧的制度。工业文明是生产的技术结构所决定的资本为最稀缺的生产要素的历史时期，同时又建构了一种新型的合作：具有创新能力与处置不确定性的人与从事重复性和确定性工作的人合作。企业制度既是企业家拥有剩余控制权的适应性形式，又是资本家拥有剩余索取权的适应性形式。业主企业制度也就成了对企业家才能进行市场定价的制度。

（五）企业的博弈结构

企业不但是现代的生产场所，而且，更为重要的，它还是由一组规则的集合所形成的博弈结构。个人在这个博弈结构中适应性的行为选择，就能导致这个制度所需要的行为。

1. 成员规则

以 Ee 表示企业的进入规则或成员规则。

要素所有者，主要是劳动要素的所有者，一旦与要素使用者之间签订了合约，在契约的有效期内，成为企业的一名成员。要素契约都是一定时期的契约。企业成员之间，不是一次性的博弈关系，合作者的机会主义往往不再是一种适应性的选择，这使得一部分机会主义行为能够在企业中得到遏制。

不过，企业成员之间也并不是无穷博弈的关系：合约到期后交易双方是否继续合作是不确定的，完全取决于双方的意愿。因此，企业组织是一个容易退出的制度。劳动要素所有者的退出，只是从一个企业中的退出，就该企业而言不过是企业成员数量与具体组成的改变。企业家即劳动要素使用者的退出，则是企业整体从市场中的退出。在要素使用者无法履行要素契约的规定，并不自愿地终止契约、进行清盘时，则企业破产。无效企业适时地退出，也意味着能够在最大的范围中保持企业制度的效率。企业制度中的成员规则，是保持企业组织效率的重要条件。

企业组织中的成员规则，决定了成员在该组织中并不是无穷博弈的关系，仍然给企业内部的机会主义行为提供了较大的空间。这是企业组织与家庭组织相比，具有较大机会主义行为的根本原因。这也就相对地提高了企业制度中的监督成本。

2. 目标规则

以 Eo 表示企业的目标规则或加总规则。

在要素契约中，劳动要素所有者的交易目标已经在合同中明确表示，并由第三方确保实施。但是，资本要素的所有者的交易目标在交易之后仍然是不确定的，是尚未最终实现的，甚至究竟会是多少是不可证实的。企业制度正是企业主实现自我目标的制度装置。因此，业主企业所有者个人的目标就成了该企业的整体目标。为了实现这个目标，企业其他成员必须按照企业主的要求去行动。要素契约的不完全性，为企业内部即企业主权威提供了处理不确定性能力的空间。

权威关系的一方是上级，另一方就是下级。在这个博弈结构中，下级服从上级是一般的结果，不论上级的指令是否正确。虽然这往往是造成企业失败的重要原因，但是，由于决策者承担着全部的后果，故这个博弈结构决定着他在自己的能力范围内，尽可能负责地决策并实施。正是这样的目标规则，为企业家的才能得以充分发挥，提供了比家庭制度远为宽广的运作空间。在此之前，一位出色的家长有了某种经济构想，只能在家庭所控制的资源范围内实现。现在，这种局限性被打破了。随着企业规模的拓展，企业家的才能得以淋漓尽致发挥。这是资本主义经济制度能够比在此之前的制度更为优越的十分重要的方面。

在企业内部一旦发生行为或利益的矛盾与冲突，就由权威给予仲裁或处置，有可能不使矛盾与冲突进一步激化。而且，权威的存在本身就可能避免冲突的发生。这与市场中往往出现争论不休和打官司相比，成本会更低，效果也可能更好。企业的权威现成地成了内部仲裁人，企业内部的相关规则也就是解决冲突的规则和程序。

市场中唯一的激励采取了货币或物质形态。与此不同，由于企业的成员规则，企业中的成员更容易意识到自己作为一个组织中或社会群体中的人的存在。因此，企业中的激励也就可以采用多种力度各不相同、表现各异的社会激励手段，有的激励可以用货币来表达，而更多的却并不必以货币为媒介。合作越是复杂，越有可能综合地采取多种激励手段，企业的内部激励成本越有可能更低。

但是，在我们现在所讨论的范围内，企业的权威是个人的权威。个人的权威受到个人能力的限制。因此，这类企业的规模也就受到了个体管事能力的限制。

3. 职位规则

以 Ep 表示企业的职位规则或授权规则。

企业内部是一个分工的科层组织，具有这类组织的所有基本特征。通过科层组织，企业对内部信息源专门化，进而使信道专门化，并形成特定的企业文化，使其成为全体员工的行为信念。

自由市场中的业主企业制度，是一个追求效率的组织，并确实通过这个制度使人类社会创新大量涌现，生产效率大为提高。企业制度更能够在生产过程中，形成社会化的直接合作，既突破了家庭制度只能在血缘关系范围内的直接生产合作，也与市场合作有本质的不同。市场虽然已经能够在全社会范围内组织生产合作，但却只是通过物的交换而间接进行。企业内的合作却是直接的生产中的合作。这种合作，还为人类积累直接合作的经验提供了可能：从被动的、为生活所迫不能不为而进行的合作，到自愿的、主动的合作的全面过渡。

（六）国家形态Ⅱ

在二次农耕文明中的国家制度，是在酋长制度基础之上的重建。当战争的技术结构从冷兵器向热兵器演化时，军费预算越来越高。能承担军费的财富虽然部分仍然在皇室手中，部分仍然在旧贵族手中，但越来越多的财富被新兴的资产阶级所拥有。于是筹集军费的议会不得不逐步向资产阶级开放，并改变了议会组成人员的结构，进而改变了其性质：成了新兴资产阶级与皇权和旧贵族争夺最高公权力的场所。在英国，与其他欧洲国家不同的是，一系列的“黑天鹅”事件，使得由 13 世纪《大宪章》开始的二百年多年的争夺权力的过程，从国家形态Ⅰ的贵族与王权的冲突，逐步变换为封建势力与资产阶级新权贵之间的冲突；从冷兵器时代的武力争斗，通过掌握预算权的议会，把武力关进了资本的笼子里。最终，资产阶级从封建贵族手中夺得了最高权力。

在英国，议会制度战胜王权最重要的历史性进步，是终止了最高公权力的家族私有化。农耕文明中的皇家和旧贵族都是血缘继承的。资本财产虽然也会有家族遗传，但是，市场波动的存在，新技术、新工艺、新产品、新市场的不断涌现，却并不能保证一定在某个家庭中继承。更重要的是，必须不断推出能够代表资本集团利益的政治人物，因此政治代表的私人家族的传授就不是好办法。因此，废除公权力的家族私有化是一个适应性的选择。公权力家族私有化的可能性仍然在国家的其他制度中存在，表现为贪污、受贿、侵吞公款、任人唯亲、裙带关系等，不过已经不再是国家制度的基本问题。这无疑是历史的巨大进步。

再就是建立了以少数服从多数为基本规则的国家权威。建立该原则既是路径依赖，也是现实的适应性。部落联盟的长老会、元老院等酋长会议做出决议所实行的就是这种办法。少数服从多数并不是新的政治制度，在历史上还起着把国家制度拉回酋长制度的反动劣绩作用。但是，在还不具备创造出更好的权威制度之前，这种古老的方法还有存在的理由。更重要的是，这种方法在那个时代是具有适应性的。那个时期的英国议会的基本内容是财政筹款，而主要的财政支出是对外战争。对外战争中的红利在不同的有产集团中并不可能平均分配，而通常一部分丰厚、一部分有损失，大部分是中间状态。于是，不同的财富集团对不同的对外战争有着不同的取舍。最大的支持某项战争的财富集团，既承担了最大的成本，也理应获得最大的收益，并且应该由这个集团确定对外战争的方向。在对外战争中，本国与外国之间的博弈是零和的，同样，国内参与决策的利益集团也只能是零和博弈。由此而建立的是一套自下而上的零和博弈的选举与决策系统。控制这个系统的是资本利益集团的全体。

这一国家基本制度，是国家形态Ⅱ。英国在形成国家形态Ⅱ时，是由一系列“黑天鹅”事件所成全的，高度的路径依赖。但是，一旦这个国家形态形成，此后先发展的工业化国家中，资本集团一旦获得了国家政权，先后都采用了这样的国家形态，成为遍历性的。

企业制度不仅改变了国家制度的形态，企业制度还与所有原来存在的制度共生演化。企业制度改变了家庭制度的结构，婚姻走向了自由契约；企业成了市场的主体，从而改变了市场结构和市场行为；企业制度拓展了自治组织的空间，其中，劳动者的结社权改变了劳动市场中的失衡状态，或多或少平衡了早期企业家与国家共谋所导致的劳动者权利的过度边缘化，并逐步改变了曾经有过的极端贫困化。

到 19 世纪 80 年代左右，资本主义制度基本成熟，工业文明必将替代农耕文明的历史趋势已经呈现，并被越来越多的人所共识。

全球的工业化过程，也就是第三次全球化。

（七）资本主义制度

业主企业及其组织是最具资本主义本质特征的制度，但是，毕竟还不能包括资本主义制度的整体。

人类从克服亲本投资稀缺的约束，开始了制度的建构。家庭的有效使人类得到了进一步演化的机遇，随着出现新的合作可能，通过各种演化尝试，依次演变出种种非血缘组织。至资本主义历史阶段，人类社会就由血缘组织、自组织的市场组织、民间的非营利组织、国家组织与营利性组织这五类组织共同构成，或者说，人类社会此时在五种互补性序参量支配下形成了五种制度或称五种组织并存的格局。

这五种组织各自的内部还会有很多差别。仅以家庭为例，不但现代家庭与古代家庭存在很大的不同，而且在各个不同国家、不同文化条件下，会有不同类型的家庭，区别十分明显。然而具有种种不同具体形态的家庭组织，都有其共同的基本规则，因而可以将其归并为同一大类。所以，与其称家庭为一种组织，还不如称家庭为一大类组织。国家、市场、民间自愿组织和企业组织，无不都应该称为一大类组织。

每一类组织都有自己的基本博弈结构。现将这些组织作为规则集合的基本特征概括为表 1。

表 1　五类组织的基本博弈结构

组织	成员规则（e）	目标规则（o）	职位规则（p）
家庭（F）	（Fe）十分严格	（Fo）家长权威	（Fp）归属地位
市场（M）	（Me）十分自由	（Mo）不加总	（Mp）无职位
国家（S）	（Se）相当严格	（So）国家权威	（Sp）公民的无职位与政府的权威授权

续表

组织	成员规则（e）	目标规则（o）	职位规则（p）
自治组织（A）	（Ae）严格的或自由的	（Ao）全体一致规则、多数规则以及权威	（Ap）无职位的、权威授权或选举产生等
企业（E）	（Ee）相当自由	（Eo）个人权威	（Ep）权威授权

每个资本主义国家或地区的社会，都由这五大类组织共同构成。家庭、市场、国家、自治组织和企业，都是适应不同形态的合作，保证合作的可持续性所形成的涌现安排。从本质上这几种形态是互补的，它们各自适应着不同的合作形态。

资本主义制度是人类社会中人与人之间合作秩序发展过程中的一个历史阶段。在这个历史阶段中，最稀缺的生产要素是资本以及与此不可分的企业家才能。也因此，集资本家和企业家于一身的稀缺要素所有者相对于合作者工人阶级而言，在分割合作剩余时处于有利的地位，是这个社会中不公正现象的经济根源。资本与劳动等诸要素之间以市场契约为边界，组织成业主企业制度。

这个社会制度，随着资本和企业家才能的稀缺性的出现而出现，随着资本和企业家才能的稀缺性的发展而发展，并必将随着资本稀缺性相对或绝对下降而退出历史舞台。

六、社会结构演化的规律

回顾历史，社会结构在演化之中，是有规律可觅的。

1. 序参量变化的规律

社会基本结构的演化由序参量的变化引起。引起社会基本结构发生变化的序参量有两类。一类是互补性的序参量，这些序参量之间不具有排斥关系，可以共存于一个社会结构。当互补的序参量相继增加时，社会的复杂性上升。另一类序参量是时序性的，这些序参量之间是互相排斥的。因此是一个相互替代的关系。在相互替代的过程中，就会出现比较激烈的分叉——动荡、革命甚至战争。从物质资料的稀缺在社会中普遍出现后，也即在进入生产过程的历史之后，每个历史阶段中最稀缺的生产要素成为该时代的一个时序性序参量。资本主义时代出现的序参量具有双重作用：作为资本是一个最稀缺的生产要素，是一个时序性序参量；作为企业家才能，作为从事不确定与创新工作和从事确定性与重复性工作的合作方式，与其他形成合作的序参量之间又是互补的。

至此，资本主义社会中具有互补性的五个序参量：亲本投资的稀缺所决定的对偶家庭制度；从事不同劳动的劳动者之间的分工，以及实现这一分工的市场；自愿提供共用物品的分工，以及实现这一分工的自愿性组织制度或称自治制度；强制性地提供共用物品的分工，以及实现这一分工的国家制度；从事重复性和应对确定性的劳动与从事创新性与应对不确性的劳动的分工，以及实现这一分工的企业制度。同时，我们确定了在通过生产而实现物质生活需要的历史阶段中，有着先后替代性的三个时序性序参量：最稀缺的生产要素——武力、土地和资本。至此五个互补性序参量先后出现与三个替代性序参量的替代，形成了人类社会的演化（图 1）。

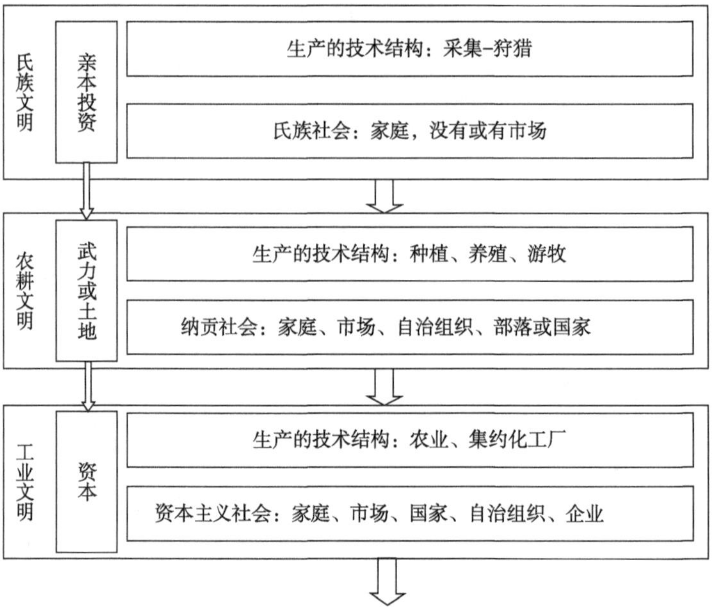

图 1　人类社会的演化

图 1 中有自上而下的三个方框，表达了先后出现的三个文明阶段：氏族文明、农耕文明和工业文明。每个阶段都有三个结构：序参量的特征、生产的技术结构特征和社会结构特征。在氏族文明时期，基本的序参量是亲本投资的稀缺性，此外，不同的地区中或许已经有了市场或许还没有。是否出现了市场，意味着还可能存在第二个序参量：生产不同物品的生产者之间的合作。在氏族文明中生产的技术结构是采集–狩猎。

在农耕文明中，时序性的序参量先后有武力与土地。互补性的序参量则有性别合作、生产不同产品的合作、提供共用物品的合作，在图 1 中显示了与互补性序参量对应的制度，所以，除亲本投资外，其余三个互补性参量就没有直接显示。提供共用物品的合作则存在部落或国家的不同，这两者是彼此替代的。社会结构是以纳贡为特征，并由家庭、市场、自治组织、部落或国家所构成。

至于工业文明的社会结构作为资本主义制度，已经有了阐述。

人类社会从氏族文明经过农耕文明再到工业文明，这是人类社会演化的不同历史阶段，是从低级向高级的社会演化。因此，文明这个概念是有高低之分的。在同一个历史阶段，不同地域还会发展出各自不同的文化。文化只是差异，是适应不同地域的特点而成的，并没有高低之分。这样，我们才能把这两个概念区分清楚。于是，宗教是一种文化；基督教文化、伊斯兰教文化、佛教文化等，不同宗教文化各有特色，并无高低的区分。

2. 地理因素产生的差异

同一种生产的技术结构在不同地域条件下，规模经济和范围经济得以发挥的情况会不同，这是不同历史阶段的经济中心的出现及其变迁的重要原因。一个时期的经济中心，通常都是在那个历史的生产技术结构下，最能获得该技术结构的规模经济和范围经济的地理地点。地理因素是通过规模经济与范围经济发挥具体的经济与社会的作用。

在氏族社会中，一个地域的地理范围越大、可容纳的人口越多、人口密度越高，该地域的工具创新能力就越强。假定具有创新能力的人口比例是各处相同，那么地域越大，该地域所能出现的创新者的绝对数越大，更重要的是创新者之间会出现相互推动创新的网络效应。这个过程在太平洋岛屿上，得到了比较好的否定显示。若岛屿过小，人口总量低到一定程度，一旦发生自然事件，一些拥有制作某工具技艺者的过早离世，会导致后人不会制作早年到达该岛时所携带的工具，某些相对复杂的工具虽然十分有用却也会失传。

在向农耕社会转型的时期，地理空间越大，所存在的植物和动物的种类就越多，从中可选并能够驯化的动植物的品种就大大增加。在原始农业中，欧亚大板块拥有最丰富的驯化动植物，其次是美洲，之后是非洲，驯化的动植物的品种最少的是大洋洲。这决定了农业文明发达程度的大体格局。

在农耕文明中，生产的技术结构由于地理条件的不同所产生的差异更为显著。在亚洲的大陆形成了以种植业为代表的农业；而在欧洲部分则形成了养殖业和种植业并重的生产技术结构。欧亚大陆的北部稀疏草原和沙漠边缘，形成的是游牧的生产技术结构。这三种农业形态，对土地的依赖程度有着巨大的差别。游牧生产中地域概念最少，而国家正是以地域概念为基础的，因此，在这种生产技术结构之下通常只能形成部落联盟的组织形态。种植业对土地最为依赖，因此那里的文化中守土意识最强。加上作为共用物品的军事具有明显的规模经济，在这个地域最容易形成中央集权的国家形态。事实上在当时的亚洲的中华大地形成了最稳定的、最大的公权力家族私有化的国家形态。

商业文明在欧洲的兴起，依赖的是航海贸易。由于航海技术水平的局限，故是从地中海东部的海运贸易起步，实现了规模经济和范围经济。在此基础上，随着航海技术水平的提高，逐步向西扩展，在地中海形成了以威尼斯为代表的自由城市文化。随着航海技术的提高，西班牙、葡萄牙和英国占据了大西洋贸易的规模经济和范围经济最有利的条件。最终由英国完成了从商业文明向工业文明的历史性转型。

在人类社会的演化示意图中，最下面还有一个箭头，意味着资本主义制度并不是人类社会演化的终结。以为至今没有发现作为互补的新序参量相应的新制度形态出现，是历史终结论者的认知原因。然而，事实并非如此。

演化视角下企业边界的决定性因素——从古典经济学迈向平台生态系统[1]

阳　镇[2]　陈　劲[3]　商慧辰[4]

摘　要：自新古典经济学产生以来，企业的成长边界长期以来是学界与业界探讨的焦点话题。从既有的研究来看，企业边界被三大领域即古典/新古典经济学、新制度经济学、战略管理学所关注，学界缺乏相应的系统性演化研究，尤其是对全新的平台情境下的企业边界的理论适用性缺乏区分审视。本文系统分析了企业边界的决定性因素在不同理论流派下应被关注的主要因素、相应的边界扩张与收缩的动态过程以及相应的内在机理。具体来看，在经济学视野之下，新制度主义经济学打开了古典经济学与新古典经济学下的企业“黑箱”，交易成本（transaction cost）成为决定企业边界的决定性因素，而战略管理视野下的企业边界的研究视角由环境观、资源观、能力观向知识创新观以及平台生态系统观转变，相应地，企业边界的决定性因素也由环境观视角下的“结构”逐步向资源观下的“异质性资源”、能力观下的“核心能力”与“动态能力”转变，最终向知识创新观下的“隐性知识与显性知识存量”与平台商业生态系统观的用户网络效应转变。在平台情境下，传统企业所链接的单边市场转变为双元市场，在基于双边市场的平台条件下，传统的资源观、能力观以及交易成本理论下的企业边界决定性因素较大程度上被颠覆，无边界组织条件下企业的知识创新能力（平台技术创新）以及商业生态圈下的用户（用户资源与用户网络效应）日益成为决定企业边界扩展的决定性因素。

关键词：企业边界；资源观；知识创新；平台商业生态系统；决定因素

中图分类号：F270

---

① 基金项目：国家哲学社会科学重大基金项目（项目编号：17ZDA082，20ZD&072）；国家自然科学基金应急管理专项项目（项目编号：71941026）。

② 阳镇，男，湖南隆回人，清华大学经济管理学院暨清华大学技术创新研究中心博士研究生，研究方向：战略创新与企业社会责任。

③ 陈劲，男，浙江余姚人，教育部“长江学者”特聘教授，清华大学技术创新研究中心主任，博士生导师，研究方向：技术创新与战略管理。

④ 商慧辰，女，山东济南人，中国社会科学院大学硕士研究生，研究方向：企业社会责任与企业成长。

引　言

自企业诞生以来，学界围绕着企业的边界问题开启了大量的理论与实证研究。早在《国富论》开启劳动分工的研究以来，企业的生产能力与边界被劳动分工所决定，即由于企业在生产过程中的各类部门、各类工序及各类工种之间的相互协调促进劳动分工下的专业化，劳动分工进一步产生边际报酬的递增，企业的边界也由此进一步扩大（斯密，2017）。实质上，无论是传统的古典经济学还是新古典经济学，企业的性质问题是较为模糊的，其立足的前提假设是，企业处于一个较为充分的市场竞争环境中，市场的价格竞争机制能够协调企业的一切生产活动，实现企业的局部均衡与市场的一般均衡（马歇尔，2017），因此企业最终可以达到一个资源最优化的配置，产生相应的竞争行为促进企业边界的调整（Dequech，2007）。但是，基于新古典经济学的框架难以完全解释市场中企业出现的兼并扩张等策略性行为，更无法解释企业的异质性生产与市场竞争行为，企业的成长边界在新古典经济学理论下成为无法揭开的“黑匣子”。正是沿着这一理论脉络，如何解释企业生产能力与成长边界的异质性成为经济学与管理学界所关注的焦点话题，自罗纳德·科斯（Ronald Coase）开启企业性质与企业边界的研究先河以来，围绕企业边界的异质性问题包括企业边界的影响因素、边界的形成过程等问题产生了大量的理论学派，其中包括战略管理理论视角下的资源观、能力观、知识创新观以及平台生态系统观，更包括社会学理论视野下的制度观及社会网络观，在不同的理论流派下，企业成长边界的决定性因素相差甚远，由此为现实管理情境中的企业理解企业边界问题的异质性提供了差异化的思路。基于不同理论流派的企业边界观，Santos 和 Eisenhardt（2009）系统性地将企业边界界定为效率边界、权利边界、能力边界与身份边界，呈现出企业边界理论丛林的系统性演化的特征。

21 世纪以来，人类正经历一场前所未有的平台革命，各类组织的内部平台化重构或外部平台化连接正成为企业发展演化史上具有突破性意义的重大组织范式变革，企业边界也逐步走向模糊化、虚拟化甚至无边界化，在这一情景下，传统的企业边界与企业成长理论在互联网情境下的正当性存疑，如何基于既有理论重新诠释互联网平台情境下的边界理论的适用性问题是学界必须面临与解释的重大理论课题。因此，本文基于企业边界理论的不同理论流派的研究视角，对古典经济学/新古典经济学、战略管理学与平台经济学关于企业边界问题的相关研究进行了系统的梳理与述评。重点就 21 世纪以来新一轮技术革命背景下，传统效率学派（新古典经济学与新制度主义经济学）所关注的企业边际成本与交易成本被互联网平台经济背景下的双边市场所颠覆这一变化/这一现实背景，探讨基于全新的平台企业组织形态的变化以及相应的边界决定性因素的演化。在此基础上，本文讨论传统经济学与战略管理各企业边界流派下的决定性因素对互联网情境下的平台企业成长边界的适用性，进而为企业更合理地理解组织的边界属性以及调整企业的边界扩张或者收缩过程中关注的主导性因素提供相应的理论参考。本文的研究有助于为清晰展现企业边界问题提供一个整合性与系统性演化的研究脉络体系，为形成较为具有整合性质的企业边界理论的内容框架提供理论参考，在实践层面也为业界深刻理解企业边界问题的过去、现在与未来提供思考框架。

一、经济学视野下的企业边界理论

（一）古典经济学下的企业边界的决定性因素——劳动分工

自亚当·斯密在《国富论》中提出劳动分工的思想以来，劳动分工理论成为解释企业生产效率改进与企业边界扩张的决定性因素。具体来看，斯密（2017）认为生产效率的提高与三大因素密切相关：第一大因素是劳动者的技能因专业化分工而精进；第二大因素是劳动分工可以弥补不同工作转换过程中的时间成本；第三大因素是机械发明可以为提高分工的效率提供基础。因此，在亚当·斯密的劳动分工理论下，分工的效率成为企业生产效率与企业边界的决定性因素，企业边界的扩张需要从三大层面入手：第一大层面是不断地改进与提高企业工人的熟练程度，这一过程可以通过工人培训促进工人生产行为的标准化进而提高生产效率；第二大层面是缩短转换工种的时间，这一过程可以通过企业内部工种转换制度予以协调，降低转换过程中的沉没成本与转换成本；第三大层面是机器的发明即技术进步对企业生产力的扩大，技术的应用必须辅助于工人的分工，由其予以协调。但是，亚当·斯密也认为，企业的边界受到市场边界的限制，即在市场边界既定的情景下，劳动分工受到市场规模的限制。从这个意义上，企业的边界不仅仅完全被分工所决定，也被企业所处市场的需求所影响，企业劳动分工的精细化带来的生产边界的扩张过程必须有相应的市场存量需求予以保障。更为重要的是，企业需要的协调能力即制度性功能降低企业的平均成本，促进企业的边界的扩张。总之，在基于古典经济学的劳动分工理论体系下，可以认为企业边界取决于两大核心因素——外生给定的市场需求水平（需求与供给的状况）和内生具有较大调整范围的劳动分工深度，这两大因素决定了企业的成长与扩张边界。

（二）新古典经济学下的企业边界的决定性因素——供需价格机制

新古典经济学则将企业视为一个生产函数，其立足于三大假设包括企业利润最大化目的假设、企业完全理性假设与企业信息完备性假设，基于边际成本、市场结构与企业信息获取进行生产要素投入决策，实现最优化的经济产出。新古典经济学下的厂商理论重点研究企业的外部关系以及由此做出的各种反应，忽视了企业内部结构尤其是交易结构与治理结构对企业生产要素组合过程中的异质性影响，因此新古典经济学只是通过上述假设将其看作一个“生产函数黑箱”，企业可以看作一个生产函数①。企业的使命目

---

① 生产函数体现为 $Q = f\left(X_1, X_2, X_3, \cdots, X_n\right)$（其中，$Q$ 为某个产品的产量，$X_1, X_2, X_3, \cdots, X_n$ 分别为若干投入的生产要素，如资本、劳动、土地、技术等多种生产要素）。

标就是通过对生产要素投入和产品价格的决策（要素市场与产品市场的价格机制）来达到利润的最大化（马歇尔，2017）。企业扩展边界过程中唯一需要做的只是根据既定的生产函数和要素成本函数做出使得利润最大化的投入产出决策，并没有涉及现实企业内众多的组织和管理协调问题，企业的一切生产行为均通过市场供需与价格机制来协调。

由此看来，新古典经济学的厂商理论中的企业仅是个完全抽象的概念函数，并没有涉及企业本源的性质问题，企业与市场的关系也处于相对模糊之中。因此，新古典经济学的厂商（企业）理论下企业的边界是无限的，原因在于给定生产要素，企业便能创造最优化的产出，企业在边界扩张中可以不断地实现企业的生产要素扩充。显然，基于新古典经济学下的企业边界能够实现任意运营领域的多元化经营，实现企业生产的无限供给显然与现实的企业边界相违背。另外，在新古典经济学下，企业之间的生产能力是同质的，在其完全理性和信息完全的假设条件下，企业的生产目标和偏好是既定的，所有的生产者都有完全的价格和技术信息，在理性选择下企业的生产函数会自动达到一致的最优状态，即追求最优化的经济价值。即在“生产函数”之下企业并不存在能力大小之分，存在差异的仅仅是要素投入比例与产出转换的参数，因此新古典经济学下的企业的竞争优势不可能来自企业内部的资源或者能力跃变，而只可能来自市场外部或者生产要素市场，企业战略管理也只能偏重外部市场环境尤其是产品市场与要素市场的分析（王颖，2018）。因此，新古典经济学下的企业只是个生产函数上的抽象概念，并不需要企业内部的管理协调能力，由此企业的边界“无限扩张”也就成了“伪命题”。

（三）新制度经济学理论下的企业边界的决定性因素——交易成本

尽管古典经济学与新古典经济学解释了厂商如何创造最大化的利润，但是未能形成一个独立解释企业性质（企业从何而来、为何存在、企业与市场存在何种关系）的理论体系，新制度经济学则看到了上述理论缺口，对于企业成因、结构和边界的研究已成为现代企业理论的主流（杨小凯，1994）。区别于传统古典经济学与新古典经济学对企业内的协调与管理成本的忽视，新制度经济学重新审视了企业内的交易成本的重要作用。新制度学派对于企业边界的理论解释主要从交易成本、契约、资产专用性、产权与激励等方面出发，解释企业与市场的相互替代性以及企业成长的边界扩张的动态过程。实质上，区别于传统古典经济学与新古典经济学始终未能解释企业与市场的边界差异问题，自科斯开启企业性质的研究先河，企业与市场的界限才开始逐步地明晰（Coase，1937），科斯在新古典经济学家马歇尔（Marshall）提出的边际分析工具的基础上，进一步对企业的性质和边界进行了系统性研究。科斯认为，企业和市场是协调生产的两种不同方式（市场交易与企业内协调），由此提出，企业的本质是对市场价格机制的一种替代。科斯为此引入了交易成本的概念进一步解释企业的性质，认为企业通过市场价格机制组织生产的成本，企业与市场的替代过程取决于交易成本与管理成本（企业内组织生产的成本）的比较差额，管理成本有助于消除一定的交易成本，与交易成本呈现出相互替代的关系。相应地，科斯假定企业的交易成本水平是外生给定的，随着企业内的边际管理成本递增，企业边界将处于边际管理成本与边际交易成本相等的均衡点上，企业的最优稳态规模边界由此形成。

事实上，科斯并没有明确界定交易成本的定义，奥利弗·威廉姆森（Oliver Williamson）对于科斯的交易成本理论做了进一步的深入研究，按交易活动的前后顺序将交易成本进一步细分界定，其中，事前的交易成本包括起草、谈判和维护一项协议的成本；事后的交易成本则包括机会主义带来的交易偏离、管理协调过程的不适应性以及契约的不完备性带来的成本（Williamson，1985，1991）。同时，威廉姆森系统地分析了交易成本产生和存在的原因，认为有限理性、机会主义以及资产专用性构成了交易成本存在的充分条件，仅当有限理性、机会主义和资产专用性这三个因素同时出现时，交易成本才会存在。因此，就企业与市场之间的边界关系问题，科斯与威廉姆森对企业的性质和边界的论述主要强调了企业与市场在生产协调方面的相互替代性，企业与市场的区别在于资源的内部配置与市场配置的区别，在新制度经济学下企业与市场的边界也逐步地开始明晰。更抽象地说，企业和市场只不过是不同的交易规制结构（Macher and Richman，2008）。综合而言，交易成本理论下存在两类边界——静态规模边界与动态变化边界，前者由市场交易成本与企业管理成本对比决定，后者由不确定性程度、交易频率高低和资产专用性程度结合决定（王颖，2018）。总之，基于交易成本理论的分析理论框架大大丰富了传统古典经济学与新古典经济学对企业内部协调与治理制度的忽视，科斯、威廉姆森及奈特均基于交易成本与不确定性解释了企业利润来源与企业边界的确定，给出了企业边界变化的内在原因（表 1）。

表 1　经济学视野下企业边界界定的演化要素

区别要素	古典经济学	新古典经济学	新制度经济学
企业与市场的关系	企业与市场的关系模糊	企业与市场的关系模糊	企业是对市场的替代
企业存在的原因	劳动分工的结果	满足市场需求的生产组织	企业内部交易费用、管理费用
企业定义	企业是劳动分工下的生产组织	企业是一个投入生产函数	企业是市场机制的替代物
企业主导属性	生产属性	生产属性	交易属性
行为假设	理性人假设	理性人假设	有限理性假设
企业边界界定	劳动分工与市场规模	市场需求与规模	内部组织成本与市场交易成本的大小
界定的理论基础	劳动分工理论	供需均衡理论	交易成本理论（交易成本与内部管理协调费用）
分析的微观单元	组织工种、工作程序	边际成本与边际报酬	组织外交易环境与内部治理结构
边界调适的机制（内在原则）	效率逻辑	供需均衡（价格机制）	交易成本最小
边界的决定性因素	分工形式	生产要素的组合配置	交易成本（搜寻成本、履约成本、谈判成本与监督执行成本）
企业的战略决策标准	效率改进	边际成本	交易成本最小化
所属学派	效率学派	效率学派	制度学派

二、战略管理观下的企业边界理论

战略管理理论区别于传统经济学理论，其对于企业边界的影响因素的研究由传统的效率逻辑转变为企业的资源与能力逻辑，关注视角由市场的外部供需环境系统性演变为侧重企业内部的资源与能力视角（曾楚宏和朱仁宏，2013）。在早期，战略管理理论流派下深受新古典经济学的影响，形成了产业组织理论视角下基于“结构-行为-绩效（SCP）”的企业边界理论范式。在后期，学界对企业边界的视角逐步内化，关注企业的内生性能力要素，逐步诞生了基于知识观与创新观的知识与技术作为区别于传统物质资源与财务资源的独特性竞争要素，成为企业边界扩展与动态调适的关键性的因素这一观点。基于资源观与能力观打开了传统经济学下的企业成长与边界“黑箱”，基于异质性企业的战略管理理论成为指导企业成长与市场竞争战略选择的重要理论基础。

（一）传统产业组织理论下的企业边界的决定性因素——行业结构

传统的工业组织理论的代表是贝恩（Bain）和马森（Mason）范式，其理论模型是“行业结构（industry structure）—产品（products）—业绩（performance）”。此模型的中心思想是行业结构决定企业的行为或企业的产品，企业的行为或产品决定企业所在市场的业绩。也就是说，企业的业绩关键取决于该企业所在行业的环境特点以及企业的能力（Bain，1968；Mason，1949）。企业的业绩主要由资源配置效率（利润）、技术效率（成本最小化）和创新能力来表现，产品的选择由各种因素来确定，如市场价格、广告、企业能力和产品质量；而行业结构的影响因素比较复杂，如经济的相对稳定性和与竞争相关的行业技术状况。因此，在产业组织理论的研究中，行业结构内影响企业业绩的最初几个因素是进入障碍、企业的数量、规模的大小和行业的需求弹性，这比新古典经济学企业理论的前提条件前进了一步。Porter（1981）则认为贝恩和马森范式最重要的方面是结构决定经营战略，经营战略决定企业业绩。因此，研究者可以越过产品，直接研究行业的结构以观察企业的业绩，产品反映的仅仅是环境状况（Porter，1981）。但是，在20世纪70年代以后，传统的产业组织理论不再以完全竞争模型作为研究的核心，而是演化为企业战略理论分析的工具。具体表现为新产业组织理论与企业战略理论的融合。新产业组织理论不再仅仅把行业（行业结构）作为研究的对象，而是既把行业看作研究对象，也把单个企业看作研究对象。尤其是Caves和Porter（1977）提出的战略群组的概念，认为企业的行业壁垒不仅仅是一种静态壁垒，更是一种动态壁垒，体现为一种“流动性壁垒”。“流动性壁垒”的提出把行业内战略群组的结构、行业结构的特点和战略集团内企业的地位与行业内企业的战略地位和企业的利润结合在一起，基于“流动性障碍”的概念思想解释了同一行业内的某些企业的业绩为什么会有所不同，也为同一行业内的某些企业的地位变化提供了解释，进而解释了企业竞争过程中的边界的动态性差异。总之，后期新产业组织理论在战略管理思维的理念影响下逐步颠覆了传统的工业组织理论认为研究行业业绩的前提条件是行业的结构不变，企业的业绩不能改变行业的结构的研究隐含假设（行业结构→企业绩效）。新工业组织理论认为企业的产品（战略）对行业的结构有一个反馈的作用（企业绩效→行业结构），如企业的创新活动能提高或降低企业进入的流动性障碍，进而改变行业的结构（段霄和金占明，2014）。因此，在产业组织理论下，企业参与市场竞争扩展企业边界的决定性因素无疑是企业所处的行业环境——行业结构，企业通过设置相应的行业壁垒，进而促进企业的市场优势，最终促进企业的边界扩展或者边界收缩。

（二）资源观下的企业边界的决定性因素——异质性资源

企业的资源观可以追溯到 Penrose（1995）的研究。实质上，从资源的禀赋角度看待企业的成长边界与市场竞争优势呼应了传统经济学上的经济增长函数，传统经济增长函数的主要要素包括劳动力、资本，或许还有土地等类别，即新古典经济学的增长函数依赖于上述要素实现资源的组合配置效应，通常要求资源表现出规模报酬递减。Penrose（1995）对资源的定义如下：“企业为自己使用而购买、租借或生产有形物品，以及使用这些资源进行高效运作的雇员。这些资源分为两个部分，有形物品和资源运作的管理人员。”同时，Penrose 发现了企业资源的异质性体现为拥有企业家才能和企业生产技巧的管理团队构成的资源运作的团队异质性。

自 Penrose 从资源的角度提出重新审视企业理论以来，许多管理学家对资源的概念进行了有意义的阐释。Wernerfelt（1984）、Barney（1991）开启了资源学派解释企业成长边界的系统性研究，其从不同角度对企业可利用的资源进行了研究。其中资源学派的集大成者 Barney（1991）对资源的类型与资源的异质性进行了系统的研究，将资源分为物质资源、人力资源和组织资源。更进一步地，并不是所有的资源均可以提高企业绩效帮助企业获取竞争优势实现企业边界扩展，只有异质性资源才可以实现企业的边界扩张。更具体来说，企业的内外部资源必须满足有价值（valuable）、稀缺（rare）、难以模仿（difficult-to-imitate）、不可取代（non-substituable）四项条件之一（依次递进），满足越多则越有可能实现竞争优势（Wernerfelt，1984；Barney，1991）。Dierickx 和 Cool（1989）在资源基础观的基础上进一步发现了资源构成中的异质性，即不可转让、不可限制和不可替代的资源构成了企业竞争力的核心，方能解释企业的可持续竞争能力。因此，资源的不完全转移性以及资源的异质性成为企业资源观的重要假设，为完善资源基础观的核心缺陷提供了理论基础。

因此，资源基础观将企业竞争战略与成长边界分析由产业经济学（产业组织学）视野下聚焦产品和市场定位系统性演变为聚焦企业组织内的资源集合与能力要素，对主流传统战略竞争优势理论（产业组织理论）提出了挑战，资源基础观基于企业内部资源组合与配置的视角解释企业的战略行为，包括企业的多元化战略、并购战略及产品开发战略等，企业实现边界的扩张就是企业的资源容量的扩大，包括企业的异质性资源的扩大，市场竞争优势本质上就是企业的资源优势。总之，基于资源基础观的企业战略竞争理论打开了企业在运营管理中的“黑箱”，肯定了企业是异质性的资源实体，而非同质性的组织，突破了传统产业竞争理论下的外部行业结构决定企业边界的视角缺陷。

（三）能力观下的企业边界的决定性因素——核心能力与动态能力

能力观下的企业边界的决定性因素主要包括企业的吸收能力、企业的核心能力与企业的动态能力。吸收能力的概念源于宏观经济研究。Cohen 和 Levinthal（1990）把宏观经济的概念引入战略管理领域的分析中，将企业吸收能力定义为“一个企业认识到外部新信息的价值，吸收并将之应用于商业目标的能力”。核心能力则是强调维系企业生存与发展的主要学习能力。Prahalad 和 Hamel（1990）在“The core competence of the corporation”一文中指出，多元化的公司是一棵大树，其中提供营养、维持稳定的大树根系是核心竞争力。核心能力是组织中的集体学习，尤其是对于如何协调不同的生产技能和整合多种技术的集体学习。共同构成核心能力的技能必须围绕个人进行整合，且企业的核心能力不会随着能力的使用而减弱，与随着时间推移而确定的有形资产不同，能力随着它们的应用和学习共享而增强。从这个意义上，核心能力是维系现有企业各类生产要素的黏合剂。它们也是新业务实现企业边界扩张与多元化发展的引擎。公司核心能力来自“较竞争对手以更低的成本和更快的速度构筑能‘孵化’出大量非预期产品的核心能力的能力”，核心能力是组织内部的群体学习能力，尤其是如何协调不同产品技能、整合不同技术流的能力，核心能力反映了跨内部组织边界的沟通、参与和高度认同感。核心能力主要是从技术和产品的角度提出的，但它又不完全是技术和产品层面的问题，还包含了组织内部的沟通、认同等理念层面的问题，以及人力资源层面的问题。

基于核心能力解释企业成长边界存在“核心刚性”和能力与路径依赖问题，难以有效应对更为复杂与动态环境下的企业边界的扩展性问题。Teece 和 Shuen（1997）认为战略管理领域的核心问题是企业如何建立并保持竞争优势，提出动态能力理论（dynamic capability），致力于分析在快速变化的环境中，企业如何进行价值创造和价值捕捉。动态能力理论适用于熊彼特式的世界，其主要特征如下：基于创新的竞争、价格/绩效竞赛、增长的回报、对现有能力的创造性颠覆。动态能力理论分析的基本单位为微观企业，其提出的背景在于传统的核心能力难以有效解释复杂动态环境下企业的可持续的竞争优势与边界的可持续扩张，核心能力理论下的部分企业出现了核心刚性与路径依赖，甚至丧失了原有的市场优势，变得销声匿迹，尤其是 20 世纪 90 年代后随着计算机信息技术的迅猛发展，伴随着信息技术革命带来的高科技行业的全球竞争加剧，需要发展新的能力范式去理解企业如何建立竞争优势扩展企业的动态边界问题。在这种环境下，成功的企业往往需要拥有对外界变化的及时反应能力、迅速灵活的产品创新能力，以及能够有效协调和重新配置内外部资源能力的管理能力。动态能力理论包含两个关键方面：动态和能力。动态是指更新企业能力以适应变化的商业环境、针对快速技术变革和环境不确定性的及时创新，能力强调适应、整合、重组内外部的组织技能、资源和能力以匹配环境的变化。基于动态+能力实现企业对动态环境的捕捉与感知，形成企业动态化的能力要素，从而实现企业的边界稳定性与竞争优势可持续性（Teece，2010）。总之，基于能力理论的企业边界理论认为企业的边界演化机制是与企业的能力积累密切相关的，这种能力包括企业的核心能力、学习能力、吸收能力与动态能力等，不同企业能力的差异性决定了企业边界的异质性。

（四）基于知识观与技术创新观下的企业边界的决定性因素——知识与技术

关于技术创新的论断早在古典经济学理论中就有涉及，亚当·斯密的“机械的发明”提高劳动分工效率和马克思的“生产方式的变革”实质上就是技术创新早期思想的主要表现。熊彼特在《经济发展理论》中首次将“创新”定义为建立一种新的生产函数，即生产要素和生产条件的重新组合。实质上，自熊彼特的创新理论提出之后，技术进步与经济增长关系便开始受到学者们的广泛关注。基于知识与技术的技术创新观的核心理论逻辑是技术逻辑，意味着企业作为宏观经济增长的微观市场载体，其获取竞争优势的最主要来源是知识探索学习与技术创新。

基于技术创新理论的企业边界研究主要集中在三个方面：一是外部技术进步对企业边界的影响；二是内部技术创新对企业边界的影响；三是企业边界变动对技术创新的影响。第一，外部技术进步对企业边界的影响。外部技术创新作为企业所面临的一种外部环境要素，从交易成本的视角来看，技术创新或者技术进步作为外生性的环境要素，其通过作用于这两者或者其中之一产生作用，进而影响企业的边界。纵观整个工业技术革命的演化历史，包括“蒸汽机”主导的第一次工业革命、“电动机”主导的第二次工业革命和“互联网”主导的第三次工业革命，每一次工业革命都重塑了企业面临的外部技术条件，进而改变了企业资源配置与生产范式，对企业的边界的扩张与动态收缩带来影响。突出体现为 20 世纪 90 年代以来的现代技术，以信息技术、数字技术、互联网技术的迅猛发展及广泛应用降低了企业的信息搜集、加工和转移的成本，从而能够显著地降低市场机制产生的交易成本。近年来，在新一轮工业革命下的数字信息技术的迅猛发展下，数字化技术进一步为释放企业的规模经济和范围经济提供了潜能，数字化技术与数字化认知文化扩大了企业的生产规模和业务范围，由此企业的边界在外部整体性技术创新的影响下实现不断扩张（戚聿东和蔡呈伟，2019）。

第二，内部技术创新对企业边界的影响。内部技术创新被企业的知识吸收能力与组织学习能力所决定（Grant，1996）。Cohen 和 Levinthal（1990）将企业的吸收能力定义为“一个企业认识到外部新信息的价值，吸收并将之应用于商业目标的能力”。具体来看，表现如下：一是组织的吸收能力以组织成员的个体吸收能力为基础，但不等同于个体吸收能力的简单加合；二是涉及组织内部专门技术多样化的作用。同时，Cohen 和 Levinthal（1990）的研究提出了吸收能力与研发强度的理论模型，通过实证研究，证明了吸收能力、企业创新的发展，是历史依赖或路径依赖的，并指出早期在某个专门技术领域缺乏投资将妨碍该领域未来技术能力的发展。在基于知识的吸收能力的基础上，在后续的研究中，学者的研究多以 Cohen 和 Levinthal（1990）的理论为基础，在一定程度上都是围绕着知识的识别、获取、消化和应用对吸收能力进行描述。基于组织学习的内部技术创新则是将技术创新的来源聚焦于组织的学习能力，Fiol和Lyles（1985）将组织学习定义为“通过更好的知识和理解来改进组织行动的过程”。March（1991）将组织学习分为探索性学习（exploration）与利用性学习（exploitation），探讨了在组织学习中探索新的可能性和开发旧的确定性之间的关系，考察组织在两者之间分配资源时的复杂性因素，特别是由成本和收益在时间和空间上的分配所导致的复杂性，以及与组织生态相互作用的影响，认为组织需要在探索性创新与利用式创新中寻求平衡。

第三，企业边界变动对技术创新的影响。企业边界变动对技术创新的影响沿袭交易成本理论下企业间契约关系，但是在知识观下，企业间的契约关系体现为基于知识的研发联盟、技术创新联盟和产学研合作组织等跨企业边界以及行业边界的知识联盟组织。从这个意义上，企业边界变动进一步影响企业技术创新的模式以及实现机制，在企业知识联盟下，企业逐步从内部研发部门主导的创新转向企业间的合作创新、协同创新与开放式创新等多种类型。在实现机制上从内部激励机制转向外部合作共享以及风险共担机制等多种类型，尤其是在数字化情境下，企业搭建基于知识的数字平台充分实现各类知识与创新要素的集聚与优化配置，能够最大限度地降低知识转移成本，提高知识共享与扩散效率，最终驱动企业创新走向更大范围的开放与用户驱动的创新。

知识基础观的综合性理论来源于 Nonaka（1994）研究的组织知识创造的动态过程，他将知识分为隐性知识和显性知识。此前学界对知识转换的理解是单向的，而 Nonaka 指出，知识转换应该是一个双向的过程，组织知识是通过隐性知识和显性知识之间的持续对话（相互转换）创造的。Nonaka 首先区分了“信息”和“知识”，指出信息是一种信息或意义的流动，它可能增加、重组或改变知识；知识分为隐性知识和显性知识，并提出了知识创造的“螺旋”模型，揭示了在个人和组织间，隐性知识和显性知识之间的持续对话如何产生新的知识。其中显性或编码知识指的是可以用正规的、系统的语言传播的知识，而隐性知识具有个人品质，这使得它难以形式化和交流。隐性知识深深植根于特定环境中的行动、承诺和参与。Nonaka 由此提出四种不同的知识转换模式：①从隐性知识到隐性知识；②从显性知识到显性知识；③从隐性知识到显性知识；④从显性知识到隐性知识。因此，组织的边界由知识创新所决定，包括知识的转换与知识的社会化整合能力，且组织知识创造可以看作一个螺旋上升的过程，从个人层面上升到集体（群体）层面，然后到组织层面，甚至延伸到组织间。Grandori（1997，2001）认为知识观的视角解释了企业边界的模糊性甚至呈现无边界化的现象，认为企业的知识变得越来越分散，从集中于企业家逐步转变为掌握在知识型员工的手中，大规模企业的知识型员工掌握的知识存量更高，知识分散化的程度更大，小规模企业才可能存在企业边界问题。

因此，从经济学视角下的古典经济学、新古典经济学及新制度经济学（交易成本理论）来看，不同理论流派对企业边界的分析基本上仍然聚焦于企业的生产成本或者履约交易成本导向，属于企业“成本–收入”视角下的边际分析。但是，与效率学派相对应的是，战略管理理论的不同流派包括产业组织理论主导下的环境学派、资源基础观、核心能力观、知识与创新观等，其对企业边界的分析是基于组织内部与外部的市场结构、组织资源与能力视角，侧重组织异质性资源、异质性能力及知识整合与创新能力，进而形成了“由外而内”与“由内而外”以及“内外结合”的资源学派、能力学派与知识创新学派三重视角（表 2）。

表 2　企业战略管理视野下的不同理论流派的企业边界界定的演化要素

演化要素	资源观	能力观	知识与创新观
企业定义	企业是资源的集合体	企业是能力的集合体	企业是知识与技术的集合体
行为假设	有限理性	有限理性	有限理性
企业边界界定	组织资源的范围	组织能力的基础	组织知识的构成
界定的理论基础	资源基础观	核心能力 与动态能力观	知识集合 （知识与技能、技术系统、管理系统指导、价值与规范）
分析的微观单元	资源范畴	能力构成	知识构成（知识存量与知识动态性）
边界调适的原则	资源组合配置的价值最大化	基于能力配置的价值最大化	基于知识编码与知识结构的创新价值最大化
边界的决定性因素	资源的异质性	能力的异质性与动态性	显性知识与隐性知识，尤其是隐性知识
因素的主要特征	稀缺性、价值性难以模仿与不可替代性	对生产能力和技术流的协调和整合能力； 整合、重构、获取和释放资源的动态能力	隐性知识具有难表达编码、不易传递、不可分、难积累等特征
企业的战略决策标准	资源给定下的静态效率	能力给定下的动态效率	知识技术给定下的动态效率
企业战略决策的视角	由内而外	由内而外	内外结合 （外部技术创新与组织内部知识吸收和学习能力）
所属学派	资源学派	能力学派	知识创新学派

三、迈向平台商业生态系统观——企业边界的重新审视

随着 21 世纪新一轮工业革命的迅猛发展，企业组织载体发生了突破式变革：一方面，传统企业加速触网使得企业的生产成本与交易成本发生变革，企业的边界呈现虚拟化与模糊化特征（李海舰和原磊，2005；李海舰和陈小勇，2011；曹建海和郭文，2017）；另一方面，互联网平台企业成为引领 21 世纪新经济变革的全新独立组织载体，在这一组织载体之下，传统的新古典经济学理论下的边际成本或交易成本分析范式呈现出较大的不适用性，突出地体现为企业的资源不仅仅是传统资源观提出的物质资源、财务资源或者知识观提出的创新资源，基于双边市场理论与平台商业生态系统理论下的用户规模与用户资源成为引领平台企业边界的关键要素。同时，分析平台企业的边界扩展过程不再是企业个体的一元视角，而是基于平台企业所搭建的商业生态圈包络的各类经济性与社会性主体，基于平台独立个体属性、平台商业生态圈与社会生态圈的耦合属性分析平台企业边界的动态扩展过程。

（一）双边市场与平台企业的一般性特征

平台自20世纪90年代以来逐步引起了学界的广泛关注，在早期，平台一般理解为一种产品设计与技术组件构成的构架，体现为产品开发平台或者技术开发平台，如早期谷歌的发展便是技术开发平台的突出表现。在20世纪后期，以Eisenmann和Cusumano为代表的平台战略的研究实现对传统单一性产品平台或者技术平台的拓展，越来越多的企业基于互联网平台界面搭建自身的价值创造界面，形成“用户—平台—用户”的双元耦合式结构（Gawer and Cusumano，2002，2014）。基于互联网平台将传统企业所面对的市场的单边性，即企业单一性地面向下游客户或者上游的相应的价值链龙头企业或集群中的相应集成商，逐步转变为以平台为界面的市场的双边性，即平台链接了市场中的供给侧与需求侧，成为具备链接价值与独立个体服务价值的耦合性价值创造载体，双边市场下的平台企业所面对的生产服务对象具备市场的双边性（Katz and Shapiro，1985）。

因此，在双边市场条件下，平台企业内的双边用户成为区别于传统企业的显著性标志，且双边市场条件下平台企业具备全新的特征（图 1），主要体现如下：①不对称的非中性定价结构，即平台企业为进入平台界面的供给侧用户与需求侧用户制定差异化的定价模式，即可以对需求侧用户采取免费注册与进入平台的定价模式，而对供给侧用户采取收取注册费、运营管理费及技术服务费等多种价格模式，从而形成不对称的价格结构，价格非中性即 P=Ps+Pd 成为平台企业定价模式区别于其他类型企业的显著性标志（Rochet and Tirole，2003，2004；Armstrong，2006），平台企业能够通过调整双边定价参数实现价格的最优化以及社会福利的最大化（徐晋和张祥建，2006）。②用户的多归属与用户黏性。在双边市场条件下，同一需求侧用户与供给侧用户能够从属于多个平台，形成平台的多归属用户，因此，平台企业的市场竞争本质上是对平台用户归属的竞争，平台企业能够通过技术锁定及用户黏性制造用户流动性壁垒，用户黏性意味着一旦用户选择进入某一平台界面参与价值创造，其在形成相应的使用路径与惯性之后将难以改变习惯从而转换其他平台，形成对平台的技术依赖与行为惯性，由此平台企业利用用户黏性这一特征在平台发展早期吸引用户，采取“血拼式”吸引用户进入平台参与价值创造，这一过程也容易产生相应的恶性竞争或者平台垄断行为（阳镇，2018）。③同边网络效应与跨边网络效应并存。区别于传统企业的单边网络效应，平台企业基于互联网平台界面，其处于同平台内的用户能够对同边供给侧或需求侧产生影响，也能够对处于不同边的用户规模产生影响，跨边网络效应意味着某一边市场主体的用户规模增长将使另一边市场主体获得效用（谢佩洪等，2017），因此，双边市场用户相互依赖以及相互基于某一参数实现网络基数几何式增长。正是因为用户同边网络效应与跨边网络效应并存，平台企业一旦具有相应的双边市场用户规模，基于“赢者通吃”的正向逻辑能够实现平台企业“快速长大”（get-big-fast），且具有边际成本趋于零和边际报酬递增的特征，一旦新产品投入市场并被消费者接受，再服务成本几乎可以忽略不计，增加一个用户所带来的边际报酬是递增的。

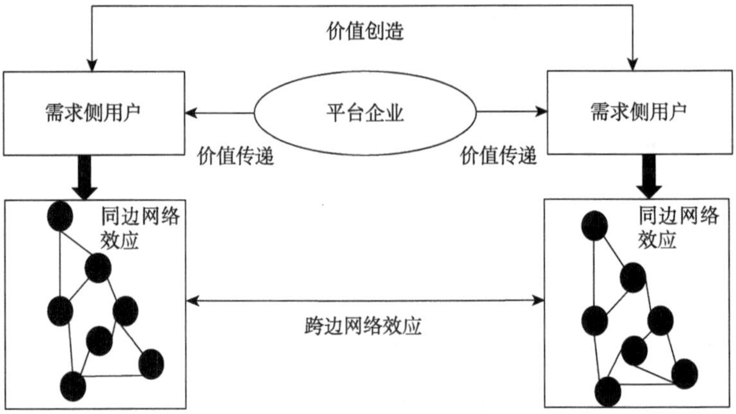

图 1　双边市场下的平台企业及网络效应

（二）平台企业边界的决定性因素——平台商业生态圈情境下用户网络效应

按照平台型企业成长的生命周期，平台企业的成长过程区别于一般性的传统企业的成长过程，其生命周期的形成和扩展演化与平台商业生态系统紧密相关。平台企业通过搭建平台构架与平台交易制度体系，逐步地将市场中的双边用户、支持型用户与互补组件等纳入平台场域之中，平台企业兼具平台企业个体独立运营者与商业生态圈的领导与治理者双重角色，由此平台企业个体的成长边界与平台商业生态圈的用户规模和用户网络效应息息相关（肖红军和李平，2019）。在平台商业生态圈的初期，商业生态圈内的种群规模相对较少，平台企业在商业生态圈中的重点战略目标是实现平台内种群规模的扩大，通过非中性的定价结构吸引用户入驻平台，并基于平台特有的路径依赖与技术锁定实现用户规模与用户资源的稳定（肖红军，2017）。在平台商业生态圈的扩展成长阶段，平台企业的重点战略在于实现平台内的跨界合作者的引入，通过平台领导（platform leadership）使商业生态圈内各类生态位成员之间形成复杂嵌套式联结，并着力于基于开放度治理实现商业生态圈内的用户规模的控制，从而实现平台商业生态圈内的用户规模的稳态与优化（罗珉和杜华勇，2018）。进入平台商业生态圈的稳定成熟期，意味着平台商业生态圈内的各类生态位结构趋于稳定，不同生态位之间的种群互动联结关系也形成稳定的局面，此时平台企业作为商业生态圈内的公共治理者，需要更加重视平台商业生态圈内用户行为的治理（包括经济行为与社会行为），典型的体现是平台内用户机会主义行为下的道德风险，由此产生平台内同边网络效应与跨边网络效应下的行为传导，导致平台商业生态圈的价值共毁而非价值共创。因此，在平台商业生态圈的成熟稳定期，这一阶段的重点是通过构建面向平台不同生态位的差异化治理机制实现各类生态位成员与平台企业之间的价值共创的认知一致性与行为协同性，并着力于通过赋能用户治理权限实现用户之间的行为共治（图 2）。

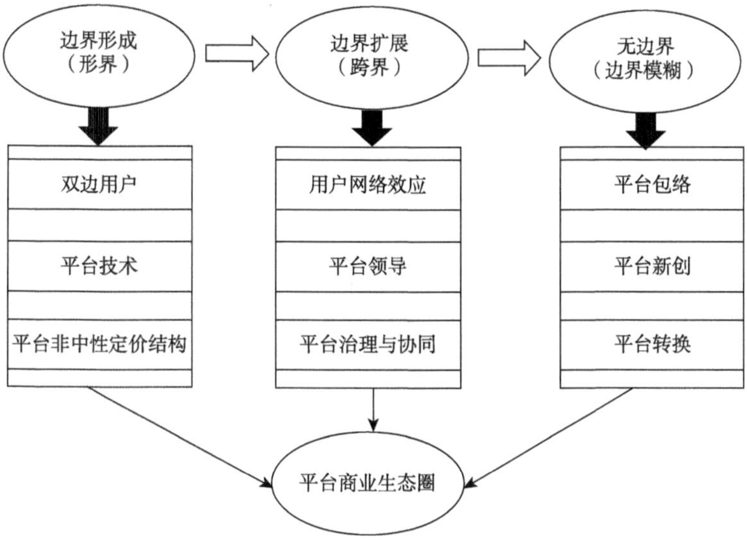

图 2 平台商业生态圈的边界演化过程

因此，在平台情境下，传统的企业边界理论包括资源观、能力观及交易成本观呈现出较大程度的不适用性，平台情境下的企业边界实现了对传统交易成本理论、资源观与能力观的扩展，基于平台商业生态圈的平台开放式创新与用户网络效应下的平台包络成为决定平台企业边界从形成到扩展再到边界模糊的关键决定性因素，主要体现为平台内的资源不仅仅是局限于平台个体的异质性资源，即不再聚焦于资源基础学派中提出的物质资源、财务资源或人力资源，而是在平台战略下基于独特的用户资源（用户规模与用户结构）以及平台技术构架（数字化底层技术），平台企业开展相应的跨界融合实现纵向一体化与横向一体化，基于平台包络战略实现平台商业生态圈规模的扩大，进而实现平台企业个体组织边界的扩大（张小宁，2014；蔡宁等，2015）。当平台场域的双边用户与支持型用户趋于熊彼特式增长时，平台商业生态圈的规模急剧扩大，呈现指数级增长模式，平台企业呈现出无边界企业的特征。能力观下的核心能力与动态能力转变为平台企业对商业生态圈的领导与治理双元能力，平台领导力意味着平台企业在界面技术构架能力、平台内部的交易与互动制度设计过程中起到领导者的主要角色，平台企业基于平台领导权完成商业生态圈的聚合、扩网与迭代升级；同时，平台治理意味着平台企业在商业生态圈的形成、扩展、稳定与转换的各个时期中通过平台接口的开放度治理、平台独特的非中性价格治理以及平台内的社会责任治理实现商业生态圈内的不同生态位成员的价值创造的相互协调，保持平台商业生态圈内的竞争强度与资源结构的松弛度，实现平台商业生态圈内各经济性与社会性主体之间的价值共生与结构稳态。新制度经济学交易成本观下的平台企业在拥有一定用户规模的情况下，基于独特的用户同边网络效应与跨边网络效应实现交易成本为零，平台企业基于零边际成本形成基于平台的“公共交易市场”，呈现出原有企业个体之间的教育互动向平台商业生态圈与整个市场之间相互替代转变的趋势，在一定程度上，新制度经济学下的交易成本决定平台企业成长扩张边界已经较大程度上被颠覆。

四、结　语

自古典经济学诞生以来，围绕着企业的成长边界问题，学界开展了大量的理论与实证研究，在几百年的研究历史长河中，对于企业边界理论大致形成了三类主要的理论体系，基本全部建立在经济学体系下“边际成本-边际收益”分析法则的基础上，但是古典经济学、新古典经济学及新制度经济学对企业边界的具体决定性因素也存在较大的异质性，其中古典经济学与新古典经济学强调的是劳动分工与需求均衡对企业边界的决定性影响，但是企业也随之成为基于投入产出函数的“黑匣子”，企业与市场的关系较为模糊，市场的边界与企业的边界之间的区别未得到相应的理论解释。且企业边界的扩张收缩体现为企业生产规模的扩大，但是在投入产出视角下企业是同质的，无法解释异质性的企业边界。新制度经济学派的代表人物科斯与威廉姆森则开启了企业性质与企业成长边界异质性的研究先河，从交易成本、资产专用性与不确定性的视角解释为何企业产生以及企业如何扩展相应的能力边界。此后，企业理论中围绕企业成长边界的解释理论不断跃进，包括产业组织学下的企业竞争环境观、企业资源基础观、企业核心能力观、动态能力观以及基于知识与学习的知识创新基础观，不同的企业成长边界理论流派从不同的关注点探讨企业成长边界的决定性因素。总体而言，解释企业成长边界的企业战略理论涵盖了由外而内、由内而外以及内外结合三种主要解释视角。

迈入 21 世纪以来，新一轮数字信息革命对传统企业组织范式产生了较大程度的颠覆，突出地体现为传统企业一方面加速触网，形成组织内部平台化网络化的组织运行管理模式，而另一方面则是互联网平台企业成为跨时空配置资源的主要微观市场组织，其基于独特的互联网平台数字化技术搭建平台界面，成为链接市场双边用户（包括各类需求用户、企业用户与社会支持型用户）的链接组织，平台企业成为引领 21 世纪新经济革命的主导性组织范式。由此，平台企业区别于新古典经济学时期以来的企业边界的边际革命分析框架，在独特的用户跨边网络效应与同边网络效应下，其边际成本近乎零，由此传统的经济学视野下企业成长边界观难以完全解释平台企业边界演化。在未来平台主导的企业组织范式之下，不管是组织内组织管理的平台化还是平台企业基于独特的用户资源与技术创新能力形成平台商业生态圈，由此分析平台企业的成长边界必然立足于平台企业个体与平台商业生态圈的耦合属性，基于商业生态圈的资源迭代、能力协同与包络创新驱动着平台企业的边界从形成到扩展，最终向无边界组织演化发展（肖红军和阳镇，2020）。

参 考 文 献

蔡宁，王节祥，杨大鹏. 2015. 产业融合背景下平台包络战略选择与竞争优势构建——基于浙报传媒的案例研究. 中国工业经济，（5）：96-109.

曹建海，郭文. 2017. 互联网对企业边界的影响机制. 经济与管理研究，38（12）：109-116.
段霄，金占明. 2014. 战略群组视角下的企业战略定位研究——战略距离、定位方向和战略改变对绩效的影响. 科学学与科学技术管理，35（3）：108-116.
李海舰，陈小勇. 2011. 企业无边界发展研究——基于案例的视角. 中国工业经济，（6）：89-98.
李海舰，原磊. 2005. 论无边界企业. 中国工业经济，（4）：94-102.
罗珉，杜华勇. 2018. 平台领导的实质选择权. 中国工业经济，（2）：82-99.
马歇尔 A. 2017. 经济学原理. 志英译. 北京：中华工商联合出版社.
戚聿东，蔡呈伟. 2019. 数字化企业的性质：经济学解释. 财经问题研究，（5）：121-129.
斯密 A. 1972. 国民财富的性质和原因的研究. 郭大力，王亚南译. 北京：商务印书馆.
斯密 A. 2017. 国富论. 高格译. 北京：中华工商联合出版社.
王颖. 2018. 规模、利润与企业边界：经济学均衡范式下的企业成长理论. 当代财经，（5）：15-24.
肖红军. 2017. 平台化履责：企业社会责任实践新范式. 经济管理，39（3）：193-208.
肖红军，李平. 2019. 平台型企业社会责任的生态化治理. 管理世界，35（4）：120-144，196.
肖红军，阳镇. 2020. 平台企业社会责任：逻辑起点与实践范式. 经济管理，42（4）：37-53.
谢佩洪，陈昌东，周帆. 2017. 平台型企业生态圈战略研究前沿探析. 上海对外经贸大学学报，24（5）：54-65.
徐晋，张祥建. 2006. 平台经济学初探. 中国工业经济，（5）：40-47.
阳镇. 2018. 平台型企业社会责任：边界、治理与评价. 经济学家，（5）：79-88.
杨小凯. 1994. 企业理论的新发展. 经济研究，（7）：60-65.
曾楚宏，朱仁宏. 2013. 基于战略视角的企业边界研究前沿探析. 外国经济与管理，35（7）：2-11.
张小宁. 2014. 平台战略研究评述及展望. 经济管理，36（3）：190-199.
Armstrong M. 2006. Competition in two-sided markets. The Rand Journal of Economics，37（3）：668-691.
Armstrong M，Wright J. 2007. Two-sided markets，competitive bottlenecks and exclusive contracts. Economic Theory，32（2）：353-380.
Bain J S. 1968. Industrial Organization. New York: John Wiley & Sons.
Barney J B. 1991. Firm resources and sustained competitive advantage. Journal of Management，17（1）：99-120.
Caves R E，Porter M E. 1977. From entry barriers to mobility barriers：conjectural decisions and contrived deterrence to new competition. Quarterly Journal of Economics，91（2）：241-262.
Coase R H. 1937. The nature of the firm. Economica，4（16）：386-405.
Cohen W M，Levinthal D A. 1990. Absorptive capacity：a new perspective on learning and innovation. Administrative Science Quarterly，35（1）：128-152.
Dequech D. 2007. Neoclassical，mainstream，orthodox，and heterodox economics. Journal of Post Keynesian Economics，30（2）：279-302.
Dierickx I，Cool K. 1989. Asset stock accumulation and sustainability of competitive advantage. Management Science，35（12）：1504-1511.
Fiol C M，Lyles M A. 1985. Organizational learning. Academy of Management Review，10（4）：803-813.
Gawer A，Cusumano M A. 2002. The Elements of platform leadership. MIT Sloan Management Review，43（3）：51-58.
Gawer A，Cusumano M A. 2014. Industry platforms and ecosystem innovation. Journal of Product

Innovation Management, 31（3）: 417-433.
Grandori A. 1997. Governance structure, coordination mechanism and cognitive models. Journal of Management & Governance, 1（1）: 29-47.
Grandori A. 2001. "Cognitive failures" and combinative governance. Journal of Management & Governance, 5（3）: 252-260.
Grant R M. 1996. Toward a knowledge-based theory of the firm. Strategic Management Journal, 17: 109-122.
Katz M L, Shapiro C. 1985. Network externalities, competition and compatibility. The American Economic Review, 75（3）: 424-440.
Macher J T, Richman B D. 2008. Transaction cost economics: an assessment of empirical research in the social sciences. Business and Politics, 10（1）: 1-63.
March J G. 1991. Exploration and exploitation in organizational learning. Organization Science, 2（1）: 71-87.
Mason E S. 1949. The current state of the monopoly problem in the United States. Harvard Law Review, 62: 1265-1285.
Nonaka I. 1994. A dynamic theory of organizational knowledge creation. Organization Science, 5（1）: 14-37.
Penrose E T. 1995. The Theory of the Growth of the Firm. Oxford: Oxford University Press.
Porter M E. 1981. The contribution of industrial organization to strategic management. Academy of Management Review, 6（4）: 609-620.
Prahalad C K, Hamel G. 1990. The core competence of the corporation. Harvard Business Review, 68（3）: 79-91.
Rochet J C, Tirole J. 2003. Platform competition in two-sided markets. Journal of the European Economic Association, 1（4）: 990-1029.
Rochet J C, Tirole J. 2004. Two-side markets: an overview. IDEI Working Papers.
Santos F M, Eisenhardt K M. 2009. Constructing markets and shaping boundaries: entrepreneurial power in nascent fields. Academy of Management Journal, 52（4）: 643-671.
Teece D J. 2010. Business models, business strategy and innovation. Long Range Plan, 43（2/3）: 172-194.
Teece D J, Shuen P A. 1997. Dynamic capabilities and strategic management. Strategic Management Journal, 18（7）: 509-533.
Wernerfelt B. 1984. A resource-based view of the firm. Strategic Management Journal, 5（2）: 171-180.
Williamson O E. 1985. The Economic Institutions of Capitalism. New York: Free Press.
Williamson O E. 1991. Comparative economic organization: the analysis of discrete structural alternatives. Administrative Science Quarterly, 36（2）: 269-296.

20 世纪经济思想史上的“旷野之声”
——博尔丁的经济思想初探

张文杰[①]

摘　要：博尔丁是一位颇具争议的经济学家，其经济思想长期得不到应有的重视。究其原因，这与其独特的研究风格直接相关：首先，从背景上，博尔丁的理论观点根植于其宗教信仰背景，造就了其独特的研究风格；其次，从方法上，他以系统论的角度，倡导社会科学的一体化，对主流经济学的研究方法和内容体系都进行大胆的质疑；最后，从理论上，博尔丁聚焦演化视角，开创了演化经济学、生态经济学等经济学前沿领域的研究先河。深入了解博尔丁的经济思想，准确评价其理论贡献，不仅可以推动经济学的发展，更有助于改善人类的生活。

关键词：博尔丁；宗教；经济思想；演化经济学

中图分类号：F091

在 20 世纪的经济思想史舞台上，肯尼思·博尔丁的地位和影响略显尴尬。他师承莱昂奈尔·罗宾斯、弗兰克·奈特和雅各布·瓦伊纳等英美经济学名流，并曾与凯恩斯和熊彼特等前辈有过联系或直接交往。他思维活跃、勤于笔耕，所获荣誉不计其数，其中包括第二届克拉克奖得主身份和 1968 年美国经济学会会长头衔。然而，因种种原因，博尔丁的影响却很有限。博尔丁曾提到，“在很多方面，我觉得自己像是一个面对旷野大声呼喊的声音，然而所引起的关注却少得可怜”[②]。博尔丁生前常感叹自己的思想不为人所接受，在其去世近 30 多年后的今天他的很多贡献仍然不为世人所知。因此，博尔丁被视作现代经济学中“伟大的局外人”。

博尔丁一生发表的论文和著作以千计数，涉及很多领域，视野宏大，研究起来难度很大。到目前为止，博尔丁这个名字对我国学界还比较陌生。其著作被翻译成中文的仅有包括《权力的三张面孔》在内的少数几部，研究博尔丁经济思想的论文更是寥寥无几。本文先梳理博尔丁经济思想的产生背景、研究方法、发展脉络和主要特点，最后尝试性对其进行评价。

---

① 张文杰，男，博士，中国药科大学讲师。研究方向：经济思想史、演化经济学。

② 引自 Heilbroner R L. Kenneth Boulding，collected papers：a review article. Journal of Economic Issues，1975，9：1，73。英文中 a voice in the wilderness，直译是旷野之声，源于圣经，意指无人理睬的改革主张。

一、博尔丁简介及其思想产生的主要背景

（一）博尔丁简介

博尔丁（1910—1993年）出生于英国利物浦，毕业于牛津大学，后到美国芝加哥大学、哈佛大学进修。曾先后任教于爱丁堡大学、科尔盖特大学、菲斯克大学、衣阿华州立学院和麦吉尔大学、密歇根大学及科罗拉多大学等。1949年获克拉克奖，1968年担任美国经济学会会长。他是一位经济学家，同时也是虔诚的教徒，他将写诗作为自己的业余爱好。他是一般系统理论的奠基者之一，是很多学会和杂志的创建者。主要著作有《和平经济学》、《经济学的重建》、《映象》、《组织的革命》、《爱与恐惧的经济学》、《社会生态动态学》、《演化经济学》和《权力的三张面孔》等。

（二）博尔丁思想产生的主要背景分析

博尔丁的思想是以20世纪的风云变幻为整体背景的。1910年在英国出生，22岁身为牛津大学学生的他发表第一篇经济学论文，后辗转去了美国，定居美国直到1993年去世。20世纪被博尔丁称作“转型的时代”，两次世界大战的爆发及第二次世界大战后的冷战和大国间军备竞赛等都对世界产生了巨大的破坏并对人类造成心灵上的创伤。伴随科技进步出现的人口爆炸和生态危机，更让这个本来就脆弱的地球变得千疮百孔。作为一个基督徒，博尔丁从宗教的角度，通过自己的思考来回应20世纪摆在全人类面前的重大关切。

博尔丁出身于一个信仰基督教循道宗的家庭，循道宗又称卫斯理宗，属于基督教新教的一个重要分支。他的父母都是循道宗信徒。他的父亲“在循道宗教堂中作‘俗家’牧师”，不是神职牧师，还任主日学校的校长多年①。博尔丁从小的生活以城区的循道宗教堂为中心，牧师们时常到家中做客。他读的第一所小学便是教会小学。

后来博尔丁主要参与贵格会的教会活动。贵格会，又称教友派或者公谊会，是基督教新教的一个派别。该派成立于17世纪，创始人为乔治·福克斯，因一名早期领袖的号诫“听到上帝的话而发抖”而得名QUAKER，中文意为“震颤者”，音译为贵格会。贵格会信徒曾受到英国政府迫害，与清教徒一起移民到美洲，但又受到清教徒的迫害，大批贵格会教徒逃离马萨诸塞州而定居在罗得岛州和宾夕法尼亚州等地。博尔丁的一生都与宗教信仰紧密联系。他和他的妻子就是参与教会活动时结识的。他曾提到，“一个人可以是知识分子，同时也是耶稣的追随者和不完全属于这个世界的王国中的成员”②。

---

① 曾伯格 M. 经济学大师的人生哲学. 侯玲，欧阳俊，王荣军译. 北京：商务印书馆，2001：99.

② 曾伯格 M. 经济学大师的人生哲学. 侯玲，欧阳俊，王荣军译. 北京：商务印书馆，2001：103.

该派有两大主要特点：第一，提倡和平，反对任何形式的战争和暴力，主张任何人之间要像兄弟一样，主张和平主义和宗教自由。受贵格会信仰影响的博尔丁热爱和平、憎恶战争。他说“我决不会参与战争”。博尔丁写的第一部著作就是《和平经济学》，他还创办了《冲突解决杂志》，后来又写了《冲突与自卫》一书，奠定了冲突研究的学科基础。第二，具有较强的包容性。他曾提到，“公谊会不拘泥于宗教信条，能容忍各种各样的思想，还有一种强烈的超越国家、社区感；我感到，它成了我的精神家园，使我得以把自己的宗教和科学经历协调起来”。当然，贵格会的包容精神也对博尔丁的博学和好学产生了直接的影响。

包括经济思想在内，博尔丁的整体思想体系都深受其宗教信仰的影响。博尔丁探寻市场交易之外的其他经济现象，如捐赠。他将社会系统分为三个方面：威胁系统、交换系统和整合系统。整合系统是以单边的政府转移性支付、遗产、慈善捐款等方式表现出来的金钱、商品和服务的单向流动，他认为宗教在人类的整合体系中发挥着重要的作用。博尔丁的学术研究致力于改善人类的生活，这是受贵格会信仰强调人性中善的因素的影响。他认为，经济学是道德科学，价值评估是其中很重要的方面。20 世纪五六十年代，博尔丁曾参与一个与宗教相关的委员会，该组织中的成员“试图找到把基督教原理应用于经济生活和制度的方法”，博尔丁受此影响写出了《组织的革命》一书。

二、博尔丁的研究方法与思想体系的整体结构

博尔丁的理论体系有其认识论的基础。1955 年他用九天时间以口述的形式完成的《映象》中，批评心理学中的行为主义思潮，将其视作伪科学的方法。博尔丁认为，真实世界是复杂而多样的，且带有很强的异质性。人类认识世界的方法首先考虑其适宜性，且方法应该多元化。他主张，个体的行为主要受其对世界的映象（image）影响，而不是受任何中间刺激的影响。他认为，“我们可以通过意识现象接触我们对世界的映象，意识是人类知识增长的一个正当来源”。以此为基础，博尔丁批判哲学上的逻辑实证主义。逻辑实证主义认为，科学的方法是研究人类行为的唯一正确的方法，否认感性认识在认识过程中的积极作用。简而言之，行为主义和逻辑实证主义之间遥相呼应，这些理论最根本的问题在于忽视人的主观能动性在认识过程中的重要作用，而现代主流经济学则受其影响颇深。这为博尔丁对主流经济学的批判提供了方法论上的依据。

博尔丁认为，人类知识具有一种基本的整体性。对这种整体性的理解，需要借助系统论的方法。1954 年，博尔丁与冯·贝塔朗菲、拉波波特和杰勒德一起创建了一般系统理论协会。1956 年在其发表的“一般系统论：科学纲要”论文中，博尔丁按照系统的复杂性，将物理界、生物界和人类社会的所有系统划分成九个层级。值得注意的是，其中最后一个层级是先验超越系统，这又与其宗教信仰直接产生关联。20 世纪 80 年代，他进一步将社会系统分为三个方面：威胁系统、交换系统和整合系统，如图 1 所示。威胁系统主要牵涉到暴力和冲突等破坏性因素，是政治学等主要研究的内容，交换系统是经济学研究的主要对象，整合系统关注人类社会中的包容和关爱等因素，学科指

向性不完全明确。博尔丁特地指出，“要把经济学看作是完整的社会系统的一个重要部分，但肯定不大于其 1/3，因为我们还要处理威胁系统和整合系统”[①]。

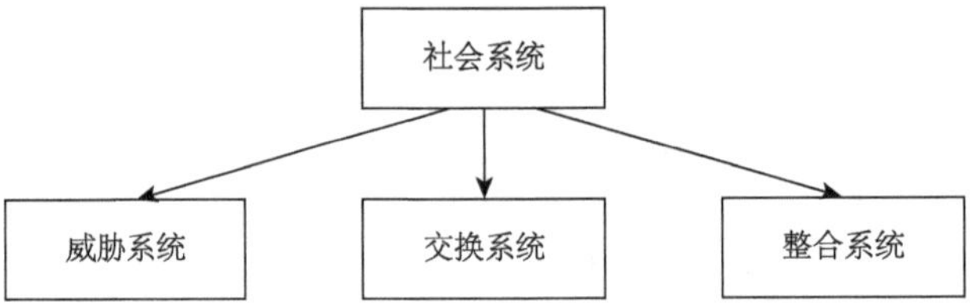

图 1　博尔丁关于社会系统的分类

三、博尔丁经济思想的发展脉络与基本特点

经济学作为博尔丁的本行，在他的宏大理论殿堂中，始终占据着重要的组成部分。博尔丁受到了很多学者的影响，除了前面提到的老师们，博尔丁还深受斯密、马歇尔、费雪和庞巴维克等学者经济思想的滋养。其思想来源涵盖了古典经济学、剑桥学派、芝加哥学派和奥地利学派等，这塑造了他极其开阔的学术眼界和常人难以达到的思维境界。这些前辈名家的思想，如涓涓细流，汇聚在一起。博尔丁的经济思想堪称是 20 世纪经济思想史的一个结晶。他不仅是继承，更有大胆的创新。博尔丁的一生致力于经济学的改造与超越，他为此耗费了毕生的精力，并且乐此不疲。下面我们从整体视角对博尔丁经济思想的基本特点进行尝试性概括。

第一，对主流经济学的反思和批判。博尔丁的创新与批判基因在其青年时代就已经显现。早在牛津大学读书期间，博尔丁写的一篇有关“置换成本”的论文，在凯恩斯主编的《经济学杂志》发表；在哈佛大学跟随熊彼特学习期间，他又对庞巴维克的学说进行质疑。此后，博尔丁开启了他在经济学改造之路上的漫漫征程。1950 年在《经济学的重建》一书中，他将早年学到的会计原理引入经济学的分析中[②]，提出了一些新思想：强调存量而不是流量，强调资产而不是收入，强调国民收入中工资和利润的比重，而不是劳动价格和资本[③]。1986 年博尔丁发表了“经济学出了什么问题？”一文，他一针见血地指出，主流经济学的问题源于其方法论上的根本缺陷。他认为，以自然科学为基础的研究方法，不能适应经济和社会体系的研究。因为自然运行过程中很多参数是相当稳定的，而在经济和社会系统，甚至生物系统中，参数是不断变化的。特定时空背景下系统的真实历史是由一连串看似不可能发生的事件构成的历时变化的过程。由此，妄图寻找社会科学中的普适性规律，注定要竹篮打水一场空，因为目标并不存在。在博尔丁看来，传统经济学存在很多根本的问题。具体表现在以下方面：①关于经济学的实证

① 曾伯格 M. 经济学大师的人生哲学. 侯玲，欧阳俊，王荣军译. 北京：商务印书馆，2001：119.

② 在爱丁堡大学工作期间，博尔丁结识了一位会计学专业出身的同事威廉·巴克斯特，他向博尔丁介绍了会计理论，博尔丁读了威廉·帕顿的著作，他认为，“使我的经济思想受到了很大的影响”。

③ 参考布劳格 M. 凯恩斯以后的 100 位著名经济学家. 冯炳昆，李宝鸿译. 北京：商务印书馆，2003：32.

化趋势。博尔丁认为这种趋势受哲学中逻辑实证主义的影响，而经济学离不开价值判断。②针对经济学的数学化现象。博尔丁声称经济学使用的数学多是十七八世纪诞生的数学，且数学化往往带来复杂结构的简化导致数据的不真实。受天体力学影响的计量经济学，不适合于经济研究。此外，博尔丁还针对生产要素分类方法的错误、存量和流量的混淆与宏观分配问题提出了自己的看法。

第二，超越学科的边界。20 世纪 40 年代，博尔丁在菲斯克大学和衣阿华州立学院任教期间，开始从事劳动经济学方面的教学与研究。他广泛涉猎该领域的知识，还经常进行社会调研，收益良多、感触颇深。博尔丁常说，“对劳工的研究是我作为纯粹经济学的终结”，“如果有人想研究现实世界中的某个具体部分，譬如劳工运动，他就不仅要具备经济学家的技能，而且要具有社会学家、政治科学家、人类学家甚至哲学家和神学家的技能”，“所有的社会科学都在研究同一件事——社会制度——只是从不同的有利角度进行研究罢了”①。博尔丁认为世界是一个完整的系统。博尔丁终身保持着炽热的学习热情，这也与他丰富的经历与独特的人格魅力是分不开的。值得注意的是，我们不应该将博尔丁的学科一体化方法与经济学帝国主义混同在一起。关于经济学帝国主义的概念，他将其视作“经济学中那种意欲取代所有其他社会科学的愿望”。众所周知，经济学帝国主义以诺贝尔经济学奖得主贝克尔为代表，他从新古典经济学范式分析犯罪、家庭和婚姻等社会现象，被视作经济学对其他社会科学领域的入侵。显然，博尔丁只是将经济学作为社会科学的一个分支学科，与其他学科在地位上是没有差别的。诚然，正如博尔丁强调的那样，世界是一个整体。然而，随着人类对世界的认识不断深入，有一个学科的分工和专业化的过程。这既是一种进步，也带来了一种危险。但是，由此带来不同学科之间各自为政、画地为牢，限制了各学科研究的视野，实与盲人摸象无异。

第三，关注演化。在对传统经济学反思的基础上，博尔丁很早就开始对演化问题产生兴趣。早在 1950 年的《经济学的重建》一书中，博尔丁就提出了资本的生命理论，这是他将演化理论与经济学相结合的早期尝试。20 世纪 50 年代，在推进不同学科整合和系统理论的过程中，博尔丁与生物学家有了交往，开始对生物学有了更多的了解。从另一个角度来看，这其实也是博尔丁研究系统理论的一个必然结果。20 世纪 60 年代，博尔丁在日本讲学期间，思考“人类史解释中的辩证和非辩证因素”，1970 年他完成了《社会动态学入门》一书。以此为基础，在20世纪70年代末到80年代初，体现博尔丁演化经济学思想的两部代表性著作——《社会生态动态学》②和《演化经济学》问世。1991 年在《演化经济学杂志》创刊号上，博尔丁发表了“演化经济学是什么？”一文，该文进一步阐述其演化经济思想。在这一系列论著中，他把演化分为物理和化学的演化、生物演化和社会演化三个部分。作为其中一个部分，社会演化源自人类生产知识、对世界的映象和人工制品的非凡能力。他将人工制品视作类似于生物学中的物种，人工制品进一步分为事物、组织和人三种类型。经济演化又从属于社会演化。经济系统

① 曾伯格 M. 经济学大师的人生哲学. 侯玲，欧阳俊，王荣军译. 北京：商务印书馆，2001：107.

② 这部书的英文名是 Ecodynamics，有人将其译为《经济动态学》，显然是错误的。这里 Eco 是生态的意思。

与生物系统有很多相似之处。关于演化的机制，他强调，每种结构都是其过去过程的结果，演化是一个充满高度不确定的过程。演化经济学是一门尝试将经济系统视作特定时空背景下的连续过程的学问。博尔丁认为经济学应该集中考察商品的供应、交换与扩散过程。博尔丁将传统经济学中的生产理论称作烹调书理论，该理论将企业视作一个“黑箱”，输入包括土地、劳动和资本等在内的生产要素，输出最终产品。博尔丁提出了生产的基因理论，该理论认为，生产是实现商品由基因型向表现型转换的过程；劳动、土地和资本不应该作为生产要素，而应该视作分配要素；真正的生产要素是技术、物质和能源，而空间和时间则发挥着限制性因素的作用。博尔丁非常强调，技术在经济演化过程中的重要作用。知识的积累和技术进步引发创新，从而导致突变的发生。为了解释新产品的推广和扩散，博尔丁又进一步提出空生态位（empty niche）理论，生态位的存在及其广度决定了产品的生存机会。他经常举的一个例子是，汽油的发现为汽车的发明和推广提供了发展空间。市场作为一个演化的过程，价格机制在其中发挥着基础性的作用。关于演化经济学的研究方法，实验的方法不适合于演化过程的研究。对于经济和社会体系，准确预测其未来几乎不可能实现。收集过去的资料，是非常重要的。地图技术，如时序图，对于研究演化过程非常有价值。他特别指出，在研究复杂系统过程中，关注极端情况比只关注常态更有帮助。

四、博尔丁的影响与评价

在博尔丁去世之后，1994 年《经济问题杂志》以专栏形式对其进行缅怀。该专栏的前言中编辑评价博尔丁“是一个充满争议的经济学家，即使在非主流经济学中亦是如此”。博尔丁的经济思想游离在主流与非主流之间。除了他的老师之外，博尔丁的思想还与费雪、庞巴维克、卡莱茨基、卡尔多等产生交集。在他生前的时候，他意识到他的经济思想与美国制度学派、后凯恩斯经济学等非主流思想存在耦合之处。从整体上来看，博尔丁与这些流派之间存在的主要区别在于，博尔丁对于包括斯密在内的前辈经济学家的思想更为包容，另外，他对政府的作用也显得比较保守。

博尔丁的部分呼声已经产生回响。他所创建的宇宙飞船经济学，已经使其成为环境经济学和生态经济学的重要先驱。今天演化经济学的发展取得了积极的进展，多普菲将博尔丁视作演化经济学的奠基人。博尔丁对制度的关注，也让其与美国制度学派的一些观点不谋而合。此外，博尔丁的早期宏观经济思想对以兰德·瑞为代表的现代货币理论的提出也产生了直接的影响。

诚然，博尔丁的思想有其自身的局限性。博尔丁的研究视野过于宏大，论著涉足了经济学之外的很多其他社会科学甚至自然科学领域。这种“超越经济学”的努力，结出了丰硕的成果，同时不免让人对其驾驭能力产生隐忧。此外，博尔丁对马克思的学说存在很深的偏见。他将“马克思主义”视作托勒密社会科学，认为马克思主义完全不适合处理现代世界中的复杂事物。假如马克思泉下有知，会对博尔丁的评价给予怎样的回应呢？马克思大概会嘲讽他难以摆脱宗教信仰对其思想的束缚吧。

当前全球各国正在应对新型冠状病毒带来的挑战，人类的发展与我们所生存的地球的承载能力之间的关系依然是一个难以协调解决的问题。博尔丁以其远见卓识进行了大量富有创造性的探索和思考，为我们留下了一笔宝贵的精神财富。博尔丁声嘶力竭地呼喊未来定会得到积极的回应。

参 考 文 献

博尔丁 K E. 2012. 权力的三张面孔. 张岩译. 北京：经济科学出版社.

曾伯格 M. 2001. 经济学大师的人生哲学. 侯玲，欧阳俊，王荣军译. 北京：商务印书馆.

Boulding K E. 1986. What went wrong with economics? The American Economist，30（1）：5-12.

Boulding K E. 1991. What is evolutionary economics? Journal of Evolutionary Economics，1（1）：9-17.

Heilbroner R L. 1975. Kenneth Boulding，collected papers：a review essay. Journal of Economic Issues，9（1）：73-79.

Mott T. 1992. Kenneth Boulding interviewed by Tracy Mott 28-29 March 1991. Review of Political Economy，4（3）：341-374.

福利国家、劳资关系与技能的演化——马克思主义经济学与资本主义多样性理论的比较[①]

夏鑫雨[②] 石高宏[③]

摘　要：新古典学派的资本主义多样性理论认为，英国和美国之所以没有普惠型福利国家，是因为它们的工人对此没有需求。这一理论隐含地假设了：①群体之间不存在实质性的利益冲突；②历史是不太重要的。因此，这种解释既忽视了英美大量不稳定就业的无技能工人，也掩盖了技能结构所反映的社会关系。在马克思主义看来，技能结构和福利国家都是劳资关系的结果。英美的资本家通过变革劳动过程排挤技能工人，最终使工人内部产生利益分歧。阶级内分化严重削弱了工人的力量，这是他们没能争取到普惠型福利制度的根本原因。马克思主义所关注的社会实体比新古典学派具有本体论优先性，二者的有机结合将是深入理解人类社会现象的基础。

关键词：福利国家；技能形成体制；劳动控制

中图分类号：F0-0　D57　C973

一、引　　言

福利国家是第二次世界大战后欧洲兴起的一种发达资本主义国家的内在组成部分。在马克思主义看来，国家是阶级统治的工具，而福利国家则是国家对劳动力再生产过程进行的系统化干预。奥菲（2006）认为，"尽管资本主义不能与福利国家共存，然而资本主义又不能没有福利国家"，可见，福利国家已经发展成发达资本主义世界的一项基本经济制度。在埃斯平-安德森的福利国家类型学中，盎格鲁-撒克逊国家[④]属于自由主义福利国家，即比较偏好用家庭和市场解决福利问题，公共干预只有在两者不再能起作

① 本文系国家社会科学基金项目"基于马克思主义政治经济学视阈的当代资本主义改良理论与实践研究"（16XJL001）阶段性成果。

② 夏鑫雨，男，四川叙永人，西北大学经济管理学院政治经济学硕士研究生，研究方向为当代资本主义。

③ 石高宏，男，陕西澄城人，经济学博士，西北大学经济管理学院副教授，研究方向为当代资本主义、企业文化。

④ 这里主要指英国、美国、加拿大、澳大利亚四国。

用时才发生，而欧陆国家和北欧国家分别属于保守主义和社民主义。自资本主义进入新一轮的全球化以来，盎格鲁-撒克逊国家开始从嵌入式自由主义向新自由主义转型，许多对劳动力的保护都被拆除了。相比之下，欧陆国家的福利紧缩和劳动力市场自由化则主要发生在边缘部门，核心部门对劳动力的保护甚至有所加强（Palier and Thelen，2010）；北欧国家保住了普惠式的社会政策，而劳资谈判则呈现出解体的趋势。

为什么英美、欧陆和北欧的福利国家模式各不相同？为什么在面临新一轮全球化浪潮时，英语福利国家选择了彻底的自由化，而其他发达资本主义国家选择了“二元化”策略？新古典学派的资本主义多样性理论是解释这一现象的主流理论，它认为其背后的原因是各个国家有不同的技能结构。然而，这种理论虽然似乎符合欧陆国家的情况，但在解释盎格鲁-撒克逊国家时却存在种种缺陷。鉴于此，本文以马克思主义的视角重新审视了英美两国福利制度、劳资关系和技能结构的互动演化史，试图寻找英美福利国家的自由主义因素不断增强的根本原因。

二、自由主义福利国家的发展历程

（一）福利国家的黄金年代

自由主义的一般假设是认为，市场是解放性的，也可能是自立与勤奋最佳的保护壳。只要不加以干预，市场自律的机制会确保所有想要就业的人都会有工作，也因此能够确保自身的福利。19 世纪的古典自由主义的理念是对政府权力的强烈质疑和对自我奋斗的充分肯定。20 世纪以来，随着市场体系的扩展，人们的生活也越来越受到经济周期的控制，不少劳动者因为变故失去了将其劳动提供到市场上的能力。主要是在这样的环境压力下，自由主义才接受社会权的必要性（埃斯平-安德森，1999）。自由主义不得不承认并非所有人都能凭借个人力量抵御市场经济的风险，必要的政府干预才能维护公共利益。换言之，自由要在市场部分地嵌入社会的基础上才能实现。

这种“嵌入式”自由主义理念在 20 世纪三四十年代正式成为英美福利国家的合法性基础。美国的福利国家起源于大萧条时期，当时的美国垄断资本为了应对经济危机，竭力推进国民养老金制度的建立（Swenson，2004）。英国福利国家则起源于第二次世界大战期间政府发布的《贝弗里奇报告》，该报告宣称要在战后的英国建立“从摇篮到坟墓”的福利制度。由于根深蒂固的自由主义传统，两国实际上主要建立的是补缺式的福利制度和多元主义的谈判制度。特征具体表现在以下几个方面。

第一，社会福利计划的覆盖面是部分的。与社民主义国家强调福利的普遍性不同，自由主义国家提供的是补缺型福利，关注的是老幼病残等弱势群体，社会政策的目的是在市场和家庭均无法提供福利时编制一个社会安全网。同时，社会服务的范围很小。除了卫生和教育以外没有公共筹资的服务，除了教育以外没有公共部门提供的服务。

第二，家计调查发挥着重要的作用。家计调查是公民在享受福利前必须经历的资格审查。通过家计调查，政府得以筛选出“值得帮助”的人。由于起源于英国济贫法传统，家计调查往往有污名化贫困人口的倾向，受助人会被贴上“懒惰”的标签，这避免了社会权无条件扩张。

第三，多元主义的分散化劳资谈判体制。由于长期存在的自愿主义传统，工会坚持自力更生，并未积极引入政府力量以促成欧陆国家那样的法团主义劳资谈判。第二次世界大战结束后，两国的工资谈判逐渐走向去中心化，谈判仅仅在公司层面进行，工人并未站在整个阶级的角度参与斗争，劳动力市场的灵活性较强。

（二）福利国家的重构

第二次世界大战结束至 20 世纪 70 年代，资本主义世界经历了空前的经济繁荣。在生产领域，资本–劳动比和劳动生产率同步增长；在分配领域，工资率和劳动生产率同步增长。然而，70 年代以来，支撑战后繁荣的一系列条件正在悄然崩塌。全球化、去工业化和老龄化令福利国家不堪重负。70 年代的两次石油危机成为压垮黄金年代体制的最后一根稻草，发达国家纷纷陷入“滞胀”的尴尬局面。以里根、撒切尔为代表的保守派趁此登上英美两国的政治舞台，他们致力于削减福利开支，缩小政府的规模和范围，减少税收，为盈利活动开辟更多的机会，建立不受阻碍的劳动力市场。

1. 社会福利制度的紧缩

在社会福利方面，里根和撒切尔的改革目标是削减福利支出，遏制它们的持续增长。这些目标显然是不受大众欢迎的，因此他们采取了一系列特别的紧缩策略（皮尔逊，2007）。第一个策略是“模糊”，即让平民难以察觉到紧缩政策与境况恶化之间的关系。第二个策略是“分化”，即让反对福利削减的人难以组织起来。第三个策略是“补偿”，即为受影响者提供过渡性的补偿。尽管精心设计了这些策略，里根和撒切尔并没有实质性地缩小福利国家的范围（表 1），而是削弱了福利国家的再分配效应和未来扩张的潜力。

表 1　紧缩政策的削减效果

紧缩类型	英国	美国
养老保险	高	低
住房保险	高	高
收入支持	低	低
保健	低	低/中等
残疾/疾病	低/中等	低/中等

资料来源：皮尔逊（2007）

不过，里根和撒切尔的衣钵被后来的当权者继承。如果说阻碍里根和撒切尔的因素是削减福利政策不受大众欢迎，那么克林顿和布莱尔获得进展的原因则是他们让福利政策本身变得不受欢迎。20 世纪 90 年代，两国政府提出了“工作福利”的理念。美国《1988 年家庭支持法案》规定政府要为领取救助者提供培训和就业服务以激励他们回到劳动力市场。克林顿上台后强调，“不能让一个能够工作的人永远依赖福利”，“如果你们能够工作就必须工作”，因为“你们不可能永远依靠救济过日子”。其签署的《个人责任与工作机会协调法案》用贫困家庭临时补助代替了抚养未成年子女家庭救助，前者以一定时间的工作活动作为领取条件。在英国，新工党政府也推出了一系列社会投资战略，将社会支出从被动的收入保护转向对当前和未来劳动力的生产性投资上（Hudson and Kühner，2009）。例如，“青年人新政”通过为青年人提供接受补贴的就业、环境工作、志愿工作或全日制教育等四种选择，避免他们待在家中领取给付，从而改善他们长期的工作前景。

工作福利项目体现出与传统社会政策全然不同的社会福利理念，后者为公民在劳动力市场之外提供了临时的避难所，而前者则驱使他们尽快返回劳动力市场。工作福利成功削弱了流行于受助人群中的福利依赖文化，并提高了他们的就业率，但并没有改善他们的处境（张浩淼和仲超，2019）。工作福利项目的减贫效应并不显著，救助对象往往被困在就业质量较差的劳动力市场底层，成为“工作穷人”。有研究发现，由于以找到工作为救助条件，受助者不得不接受更低的工资、更差的工作环境和更临时性的工作，这加剧了劳动力市场底层的竞争，进而恶化了所有劳动者的谈判条件。此外，以找工作为条件使雇主对于职业能力的要求渗透到福利项目的设计中，雇主反过来也会通过调整自己的岗位设计以便吸纳工作福利项目提供的临时劳动力，二者的互动实际上形成了对雇主的隐形补贴（Peck and Theodore，2000）。可见，工作福利的兴起意味着自由主义国家构建社会安全网的职责正在减弱，规训劳动力、促进产业后备军形成的功能却在加强。

2. 劳动力市场的去组织化

20 世纪 80 年代，打着提高劳动力市场弹性以增进劳动力市场效率的旗号，里根政府开始执行去管制的政策。里根对劳工运动最著名的进攻就是 1981 年取缔空中交通管制员组织，并且将右派任命为国家劳资关系委员会（National Labor Relations Board，NLRB）的官员，NLRB 的去工会化态度使工会在进行组织活动与雇主谈判时困难重重。比这些对劳工组织的直接攻击更重要的是其他行动的间接后果：在给定的失业率的基础上通过降低实际最低工资和削减失业保险来加剧劳动力市场的竞争（麦克唐纳等，2014）。资本也借此开始了对工会的反攻。经济环境的变化加剧了劳工运动先前存在的弱点。较低的工会密度和极度的权力下放，使得流动性日增的雇主更容易在工会之间挑起争斗，也更容易在没有参加工会的工人与参加工会的工人之间挑起争斗。一些企业追求“人际关系/劳资关系”策略，试图绕开工会在工厂或公司层面与工人合作，而另一些企业单方面强化管理者权力，引起了工会的激烈反抗。在协调层面，企业将谈判与以前的协调形式相分离。在车间层面，管理层大幅减少职位分类，以更灵活的导向进行生产重组（Thelen，2001）。除了对全职工人推行更长和更弹性化的工作时间之外，一些美国公司还尝试增加对临时廉价劳动力的使用。

缩减工会势力是英国撒切尔政府的核心议题。这一目标得到了积极的追求，并取得了相当程度的成功。越来越多的限制性法律削弱了工会作为集体政治力量的能力。经过精心策划，并与主要工会展开了激烈的竞争，最终以 1984~1985 年政府在全国矿工工会的重大失败告终，这使劳工运动处于守势。撒切尔执政初期极高的失业率使政府在这场冲突中起到了至关重要的推动作用。工会力量的基础——罢工的威胁在萧条的劳动力市场中被大大削弱。在这种情况下，随着政府承诺避免与劳工进行任何艰难的谈判，工会的影响力已经减弱。1979 年以来，工会会员减少了五分之一。工会组织水平的急剧下降将削弱劳工运动重新确立其利益的能力。英国工业的落后使它在国际竞争中非常脆弱，工会为适应这一挑战所做的努力使英国工会大会产生了严重分歧。一个新的重点是灵活性，工厂层次的安排似乎取代了旧的法团主义模式的工会行为。至此，工会已经很难恢复 20 世纪 60 年代末 70 年代初的影响力。

三、自由主义福利国家的发展动力：两种理论视角的比较

（一）技能是答案吗：资本主义多样性理论的解释

为什么英美福利国家具有自由主义的特征？资本主义多样性（variety of capitalism，VOC）理论认为，这是因为英美的工人普遍持有通用技能（Estevez-Abe et al.，2001）。这一学派改造了威廉姆森的资产专用性理论和贝克尔的人力资本理论，结合制度互补性的概念解释了不同类型福利制度的形成。根据资产专用性（即可移植性）的差异，技能可分为专用性技能和通用性技能，前者只在特定领域的生产中起作用，而后者可以适应不同行业的生产。专用性技能又可分为企业专用性技能和行业专用性技能。不同国家的企业由于选择了不同的产品市场战略，因此它们需要不同类型的技能。例如，美国的软件公司和金融机构要求劳动力具有高水平的通用性技能，而德国汽车工人的任务涉及大量机械操作的知识，因此需要专用性技能。通用性技能为企业在激进式创新中带来比较优势，而专用性技能为企业在工艺改善式创新中带来比较优势。

人们在对自己的技能进行投资时考虑的是未来的回报与风险。专用性技能在特定领域以外毫无用武之地，为了避免未来在面临行业衰退时无法调整工作，理性的工人将不会投资于专用性技能。可见，为了说服工人投资专用性技能，必须对这种技能进行某种保护。具体而言，就是要降低工人在经济萧条时失业的可能性，或者防止工人因为失业而收入急剧下降。因此，依赖于专用性技能的企业将有激励为工人提供各种社会保障以降低工人的风险。为了减少成本，企业还会积极地游说国家建立全国层面的福利制度，以使自己的福利支出社会化。另外，已经学习了专用性技能的工人当然会支持任何能够保护其价值的制度与政策，无论来自企业还是国家（Iversen and Soskice，2001）。于是雇主和工人在社会保障上存在一致的利益，这促使他们形成强大的跨阶级联盟，从而能够积极促进国家通过社会福利相关的法案。相反，由于很容易在其他企业或行业找到工作，通用性技能工人对社会保障却没有那么强烈的偏好。就业保护和失业保护还会削弱工人投资通用性技能的激励，因此依赖于通用性技能的企业也不支持社会保障。于是，如果一个国家主要的产品市场战略是基于通用性技能的，那么这个国家就会缺乏社会保障。类似地，劳动力市场上的工资谈判也有保护专用性技能的功能。工资协议不但压缩

了职业内部的收入不平等而且使工资不会随着经济周期而剧烈变化，专用性技能工人因此更可能计算出技能投资带来的终身收入加成。

根据 VOC 学派的理论，一个国家依赖于专用性技能的企业越多，对社会保障和工资谈判的支持就越强烈。因此，自由主义福利国家近 40 年来的变迁是因为越来越多的企业转向利用通用性技能。经验事实似乎印证了这一理论解释，盎格鲁-撒克逊国家一直注重形成通用性技能的高中/大学教育，但形成专用性技能的职业培训体系却十分不完善，接受职业培训的工人也寥寥无几。

然而，该理论在解释英语国家的现象时存在某些缺陷（Streeck，2012）。首先，通过隐含地假定通用性技能来自学术训练，而专用性技能来自职业训练，VOC 学派忽视了几乎没有技能的工人——在英美他们被称为“通用”工人。这种忽视是策略性的，因为这样就可以专注于讨论社会政策的风险规避功能而不是再分配功能，后者正是低收入的通用工人所关注的。其次，英美拥有通用性技能的工人——医生、律师和教授并没有如 VOC 学派设想的那样乐意在劳动力市场上自由流动而是积极巩固自身的市场地位。不过，他们抵抗劳动力商品化的方式不是求助于国家，而是通过组织行业协会有效地控制市场准入、培训和工作条件。此外，VOC 学派把福利制度的差异归因于技能结构的差异，但没有追问今天的技能结构是如何形成的，从而掩盖了技能结构背后的社会关系。

更重要的是，VOC 理论存在两种方法论上的缺陷。一方面，这一理论是非历史的，其意图只是寻找资本主义在不同条件下如何实现其均衡状态。另一方面，由于以理性选择理论作为自己的理论基础，VOC 理论展现了一幅和谐的劳资关系图景，似乎现有制度安排都是劳资双方平等协商的产物，这显然是不符合资本主义社会的基本事实的。

（二）斗争的领域：马克思主义经济学的解释

马克思主义经济学关于工人技能的研究是与劳动过程联系在一起的。在马克思主义看来，资本主义的历史就是工人和资本家争夺劳动过程控制权的历史，而技能则深刻影响着工人的控制力（布雷弗曼，1978；拉佐尼克，2007；谢富胜，2012），因此技能结构的背后是劳资力量的对比。

在前资本主义时代，城市中存在着一批独立从事手工业的工匠，他们通过行会的形式组织起来维护自己的市场地位和物质利益。随着商品经济的发展，商人资本通过包买商制度逐渐控制了城市行会手工业和农村家庭组织（谢富胜，2005）。工匠开始被资本家所雇佣，但他们仍然在很大程度上保持了自己生产过程的自主性。马克思将这一现象称为劳动对资本的形式隶属。进入机械化时代后，工匠则作为技工被引入工厂，从而形成了竞争资本主义时代最主要的劳动控制形式——技工控制。凭借企业主所没有的关于生产的默会知识，技能工人直接控制劳动过程、培训学徒工和监督其他非技能工人。蒙哥马利的分析表明，在竞争资本主义时代，恰恰是技能工人而不是雇主控制着大多数行业的劳动过程（Montgomery，1979）。因此，夺回对生产的控制权就是雇主改进生产增加利润的重要途径。各个国家采取的策略不同。其中，德国构建了正式的职业技能培训体系，从而实现了对技能形成问题的三方协商，在保留工人技能的基础上实现了劳资和谐。美国则是利用美国制造体系进行了去技能化，并利用福特工资制换取工人的认同，最终将手艺技能赶出了车间。英国则始终无法在制造业中摆脱技工控制的困扰，因此英国自第二次世界大战以来开启了漫长的去工业化进程。下面本文将回溯英美两国当前技能结构的形成过程，以揭示技能结构所反映的社会关系。

1. 英美劳资关系与技能结构的演化

1）英国：从技工控制到去工业化

19 世纪中叶，英国的国家政策以及市场条件都鼓励技工采取控制生产的战略。在 19 世纪下半叶，技工成为英国企业进行劳动控制的关键——技工承担了培训、监督及保证生产流程畅通等管理职能。资本家依靠熟练工人来进行劳动控制，不仅让每个工厂而且让整个英国经济获得了低固定成本的好处。在英国工业巅峰时期，技工控制得到了进一步巩固，并成为资本家和熟练工人的和谐稳定关系的基础。技术工会十分注意维持自己的市场地位，如阻止雇佣非工会成员，限制劳动力的自由流动，其中最为重要的就是把握对技能培训的话语权。工会努力限制学徒工的数量，以免减弱技能的稀缺性。实际上，这也是德国技工采取的策略。不过，两者也有不同之处：德国有正式的技能资格认证体系，规定企业给学徒工提供高质量的培训，作为交换，学徒工必须能够在一段时间内始终就职于该企业，即从企业最初投资培训的高成本阶段一直到学徒工的劳动贡献和生产能力超过其工资所得的阶段；而英国工会则不太关心培训的质量，也没有建立技能资格认证体系，于是，企业就会想方设法在培训上走捷径，甚至将学徒工视为易于剥削的廉价劳动力，年轻人越来越感觉到做学徒工没有前途。这一点加速了英国技工群体的衰落。

英国资本家一直在设法扩大自己在车间的权力。例如，19 世纪末时英国机械制造业雇主联合会就曾通过大规模的封厂运动迫使机械工人行会在经营管理权上做出了诸多让步。然而，他们发现自己依然在生产中依赖于技工。尽管学徒制的衰落使技工逐渐减少，但第一次世界大战期间旺盛的工业需求再次赋予了技工空前的权力。20 世纪 20~30 年代，在机械行业，英国企业从美国引进了批量生产机械从而可以用半熟练工替代技工，并且在 1922 年粉碎了正式集体谈判。但是，和批量生产技术相配套的管理模式似乎在英国水土不服。一个表现是，英国管理者坚持用公司福利或合作伙伴关系来赢得工人的信任并提高生产率，因此他们多采用计件工资制而不是美国式的固定工资制，也不对车间生产进行直接的监督（Lewchuk，1989）。一线的监督依靠车间代表间接完成，车间代表将工人从混乱无序的状态中凝聚起来进行生产。第二次世界大战以后，车间代表成为英国劳资谈判的关键角色。直到 20 世纪六七十年代，英国借助车间代表模式，继续回避建立合理的车间管理结构来创建了一种一体化的生产协作体。可见，即使到了大批量生产时代，工人仍然掌握相当的对于车间生产的控制权。首先，车间谈判在实践管理的基础上进行，车间代表在解释实践惯例上具有相当的操纵权力。其次，如果资本家要引进新技术，工人要么阻止，要么和资本家重新协商对工人自己有利的报酬率。第二次世界大战以后，工人的这种车间力量又被工会和工党在政治上的权力所加强。

在争取车间权力的同时，英国资本家也在寻找其他保证自己利润率的方法。他们发现，转向服务业将有利于利润率的修复。其中的原因主要有以下三个方面：①服务业职员对劳动过程的控制没有产业工人那么强。②与动辄雇佣几千个工人的工厂相比，第三产业的企业规模一般较小，于是，组织集体行动的成本也就上升了，即工会的动员能力下降了（Pontusson，1995）。③以服务业为主的经济体将陷入一个“就业—预算—平等”的三难困境，如果要保持充分就业和预算平衡，政府就不得不放弃普遍的再分配政策（Iversen and Wren，1998）。

第二次世界大战结束后，随着战后重建的进行，英国建筑与采矿业蓬勃发展，其就业比重在 1955 年达到顶峰（47.9%），但随后便开启了缓慢的去工业化进程（图 1）。至 1984 年，工业工人与服务业工人的比例约为 1 ∶ 2，仅公共服务行业的就业人数就相当于整个制造业就业人数总和的四分之三（430 万比 580 万）。去工业化是 20 世纪下半叶欧美发达国家的普遍现象，但在英国表现尤甚。1955~1983 年，英国是工业就业人数下降比例最多的国家。1955~1981 年，英国的工业就业比重下降了 9.7 个百分点（从 36.1%到 26.4%），仅次于比利时和澳大利亚。不过，去工业化没有立即带来利润率的恢复，因为与此同步的公共部门就业的扩张抑制了去工业化的这一影响（Pontusson，1995）。直到撒切尔夫人推行私有化改革，去工业化效应才被释放出来。

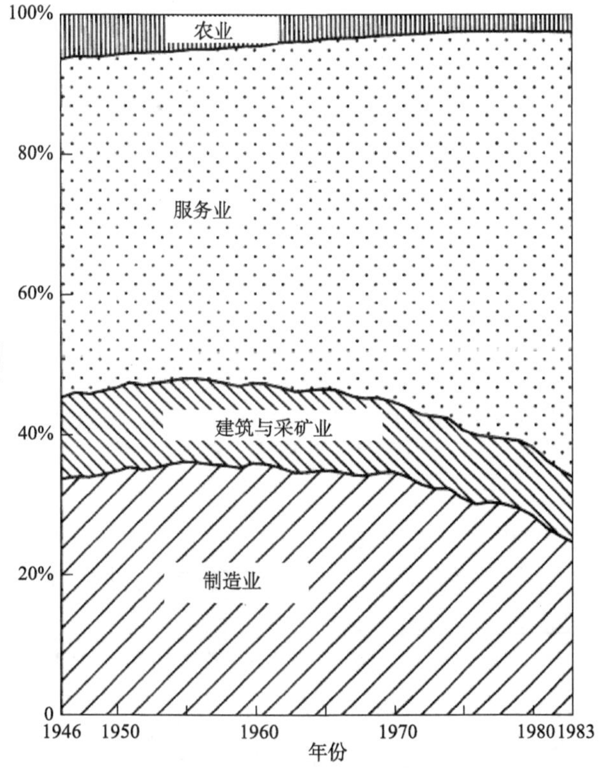

图 1　英国各行业就业人数比重

资料来源：Martin 和 Rowthorn（1986）

由于从事脑力劳动，服务业白领们——会计、律师和管理咨询师的技能在许多不同行业都能派上用场。另外，从事低端服务业（如家政、收银员）却基本不需要什么技能。在VOC理论看来，两者的技能都是“通用”的。不过，前者却不像VOC理论所预测的一样愿意将自己的命运交给市场自由摆布。相反，他们和19世纪的技术工人一样，会成立协会来保护自己的地位，甚至控制服务的价格。对于后者，正如下文所解释的，他们缺乏获取再分配政策的政治力量。

2）美国：大批量生产与去技能化

第二次世界大战以后，虽然美国也经历了工业重要性的不断下降，但如果以1960年为基准与英国相比较，就会发现在英国持续下降的同时，美国工业就业却在波动中保持稳定（图2）。这实际上反映了美国制造业不同的演化路径。

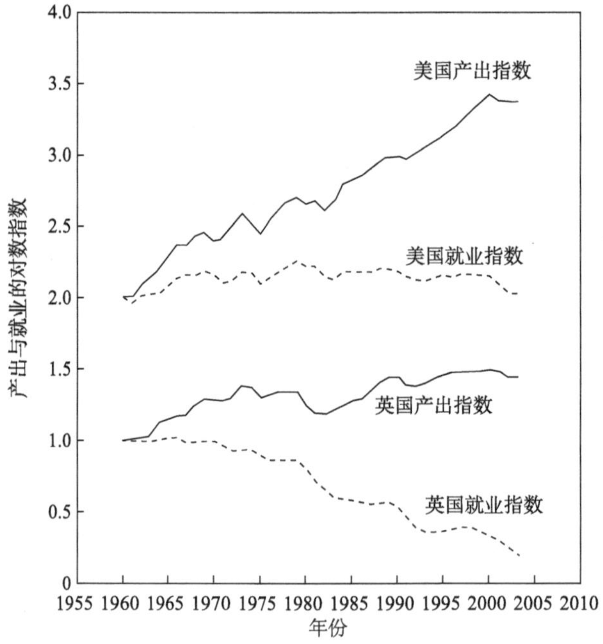

图2　英美制造业的产出与就业

图2所示的指数计算方法如下：设 Y_t 为某国某一变量(产出或就业)在 t 年的值，其对数指数 $y_t=A+\log(Y_t/Y_{1960})$。对于英国，$A=2$，对于美国，$A=1$

资料来源：Rowthorn（2004）

与英国一样，在19世纪末20世纪初，美国技术工会与雇主之间的冲突不断，但两国面临的环境不同。首先，美国的技术工会出现得较晚，技工势力更薄弱。美国技工主要是欧洲的移民，但独立战争以后，欧洲各国开始立法阻止技工外流。相比之下，缺乏技能的移民却数量庞大。其次，美国很早就开始了技能替代型技术的探索。早在19世纪中叶，美国就形成了一种将机械化与可互换零件相结合的制造技术，称为“美国体系”（American system），在美国体系的基础上，美国企业又发展出了大批量生产技术。大批量生产通过工作重组和标准化生产实现了生产过程的理性化，从而减少了对技术工人的依赖。19世纪下半叶，随着机械化的加快，在批量生产中，技术工人和准技术工人之间的界限越来越模糊。

不过，正如英国的例子所证明的，大批量生产技术并不必然带来竞争力的提升，还需要解决新技术伴生的问题。第一个问题是如何建立并巩固新的劳动控制系统。虽然技能替代型技术使雇主减轻了对稀缺技术工人的依赖，从而削弱了行业工会对生产的控制力，但即使是在没有行业工会的工厂里，这也还是不足以迫使工人屈从管理方设定的生产节奏。只要仍有技术窍门保留在工人手里，手工技能替代性的技术变革就会提升技术工人妨碍生产的能力。此外，技术变革既废弃旧的手工技能，又催生新的手工技能。因此，企业一方面将掌握关键技能的技术工人吸收进管理层（即使他们的技能即将被替代），训练他们的人事管理能力，使他们更有效率地监督半技能工人的工作。另一方面，让基层管理者开展动作研究，对生产技能进行解构和编码，确保新生的手工技术掌握在管理者队伍中。

第二个问题是如何增强企业的规划和协调能力。新技术意味着产量和企业规模的剧增，为了协调不同部门、不同工厂的生产，美国企业对销售系统、管理组织进行了大量投资，增加了对经理、工程师、会计、律师等职业的雇佣①。

第三个问题是如何避免工人的消极怠工。当工人降格为机器的附庸后，工人的努力程度就变得愈发重要了。虽然流水线技术的引入使得工头的监督十分简单——只需惩罚面前的工件堆积如山的工人即可，但是仅靠这一“大棒”的威胁会增加工人的流动性，进而增加雇佣的交易成本和培训成本。解决这一问题的方法是福特公司的效率工资制。1914年，福特在高地公园厂宣布了他的5美元日工资政策（是当时市场价格的两倍）。在效率工资制下，即使没有严密的监控，工人也比过去工作得更努力。

自此，美国福特制生产方式最终形成。福特制奠定了美国工业领袖的地位，同时也使美国企业得以顺利完成去技能化的过程，把技能工人彻底边缘化。随之而来的是美国技能结构的分化。从事“执行”工作的是无技能或半技能的工人，他们的受教育程度低；从事“概念”工作的是工程师、经理、会计或律师，他们一般在校学习时间长，有较高的学历。

2. 中产阶级的崛起对福利国家的影响

在英国，技工控制减少了管理和协调等间接成本，为英国工业提供了竞争优势。但长期依赖技工控制培养了庞大的利益集团，当英国资本家试图夺回车间控制权时，受到了技工的强烈阻挠。于是，英国通过产业转移来摆脱对技工的依赖。其结果是工业的重要性下降，服务业不断扩张。在美国，技能替代型技术很早就生根发芽了，技工的组织性也没有英国强。美国通过将批量生产技术和新的管理结构相组合，成功将技能赶出了车间。英美两国虽演化路径不同，但殊途同归，均摆脱了工人技能给获取剩余价值带来的困扰，实现了资本主义的转型。

在新的技能结构下，工人阶级的构成并非像 VOC 学派描绘的那样都是掌握通用技

---

① 在19世纪末，美国大学及时转型适应了美国企业的这一需要。企业要求大学不仅要培养训练有素的职业人员，更是要创造一个“组织人”。通过对大学教育的自由—艺术定向，未来的管理者可以发展社会价值观、交往艺术并对社会关系有一个基本的把握。换言之，就是要把这些未来的管理者塑造为社会精英，作为企业利益的代言人（拉佐尼克，2007）。

能的工人，而是呈现出不断分化的态势，一边是无技能的普通工人，一边是高学历的中产阶级，同时熟练工/技工则慢慢消失。20 世纪 80 年代以来，经济学文献中大量捕捉到的就业极化现象①正好印证了这种阶级构成的变化：中产阶级和普通工人的就业份额不断上升，而熟练工/技工的就业份额不断下降；相对于熟练工/技工，中产阶级和普通工人的实际相对工资不断上涨（Acemoglu and Autor，2010）。

由于技能工人持续衰落，中产阶级不断崛起，英国和美国对福利制度的支持度出现了大幅的下降。其中的原因主要有以下两点。首先，从利他主义角度考虑，中产阶级比技术工人更没有动机支持普惠型的福利国家（Lupu and Pontusson，2011）。作为新的工人贵族，中产阶级与普通工人的社会距离要大于技能工人与后者的社会距离。技术工人与普通工人共同从事体力劳动，往往在一个车间中工作，同时技术工人还会经常担任组织工人运动的角色，这使他们的生活方式、消费习惯接近，更容易对彼此产生身份认同。中产阶级往往在办公室工作，从事脑力劳动，其日常生活充斥着消费主义文化，因此他们很难对一线的普通工人产生共情。其次，从利己主义的角度考虑，中产阶级也没有动机支持具有再分配效应的政策（Alt and Iversen，2017）。由于持续的技术进步，技术工人的技能可能被逐步淘汰。出于这种担忧，技术工人会支持政府对普通工人的转移支付，防止自己沦为普通工人时的收入降低。中产阶级则没有这种顾虑，因为他们从事的是认知型的工作，其劳动力市场与普通工人劳动力市场是分割的。出于以上两个原因，普通工人无法将中产阶级动员到一个联盟中来。可见，即使普通工人对普惠式福利制度有需求，他们也缺乏足够的政治力量去争取这一制度。

四、结　论

在资本主义的黄金年代，英美两国的福利国家是相似的——非普惠型的社会政策和去中心化的劳资谈判制度（尽管英国带有一定社会民主主义因素），这和欧陆国家全覆盖的社会政策和集中谈判制度形成鲜明对比。进入新自由主义时代后，英美两国又几乎同时开启了社会政策的紧缩和劳动力市场的去组织化。资本主义多样性学派认为，英美的这一系列新变化是由于他们的工人普遍持有通用技能，不再需要国家帮助他们维持劳动力的去商品化。然而，这一解释既忽略了英美存在着大量没有技能的工人，也没有追问当前的技能结构反映了怎样的社会关系。马克思主义学者对英美劳工史的分析表明，英美的资本家一直在努力推动本国技能结构的转型，英美没有成为普惠型的福利国家，不是因为那里的劳动者不需要，而是因为劳动者在历史的发展中逐渐失去了争取普惠型福利国家的联盟和力量。

为什么新古典学派对福利国家的解释总是“只说对了一半”，而马克思主义则能察觉到更深层次的原因？本文认为，这是因为新古典学派采取了错误的基本理论图景。在

① 有研究指出，美国的就业极化现象出现得更早，大概在 60 年代就开始了。见：Bárány Z L，Siegel C. Job polarization and structural change. American Economic Journal：Macroeconomics，2018，10（1）：57-89.

他们看来，任何制度变迁都是改善社会福利的，否则它没有理由发生。因此，任何制度安排都是帕累托最优的均衡状态，除非有外生的动力，这一均衡不会发生进一步的变化。这种设想明显与人类社会的一大基本事实不相符——行为者之间既有共同利益也有利益冲突（Tang，2011）。在这种设想下，VOC 理论自然会提出一个错误的问题：残补型福利制度是如何符合英美工人的利益的？为了回答这一错误的问题，它又不得不置一部分社会现象于不顾——英美大量存在的无技能工人。

相比之下，马克思主义不仅正视而且十分关注行为者之间的利益冲突。这种对冲突的关注使马克思主义强调权力在制度变迁中的作用（Tang，2011）。在马克思主义看来，拥有足够权力的行为者有可能强制施行他们偏好的制度安排，无论有多少其他人可能并不同意。于是，制度安排不必是帕累托最优的，制度得以实施是因为弱势方受到了劝说或强制，而制度的再生产则依赖于权力的持续支持。因此，马克思主义即使同意福利制度与技能结构有相关性，也并不认为后者就是前者的根源，而是进一步指出，二者的变化实际上都是劳资力量对比发生变化的结果。

马克思主义关注冲突与演化，而新古典学派关注和谐与均衡。前者关注的社会力量和社会实体在本体论上是更具有优先性/重要性的（唐世平，2010）。当然，两个学派都只捕捉到了部分社会力量/实体，如新古典学派中关于制度的博弈论分析恰当地解释了权力不发挥作用时制度是如何自发形成的（如红绿灯交通规则），这一点恰恰是马克思主义所忽视的。为了更深入全面地理解社会现象，我们必须将两个学派进行有机综合。

参考文献

埃斯平-安德森 G. 1999. 福利资本主义的三个世界. 古允文译. 台北：巨流图书公司.

奥菲 C. 2006. 福利国家的矛盾. 郭忠华，等译. 长春：吉林人民出版社.

布雷弗曼 H. 1978. 劳动与垄断资本：二十世纪中劳动的退化. 方生，朱基俊，吴忆萱，等译. 北京：商务印书馆.

拉佐尼克 W. 2007. 车间的竞争优势. 徐华，黄虹译. 北京：中国人民大学出版社.

麦克唐纳 T，里奇 M，科茨 D. 2014. 当代资本主义及其危机. 童珊译. 北京：中国社会科学出版社.

皮尔逊 P. 2007. 拆散福利国家：里根、撒切尔和紧缩政治学. 舒绍福译. 长春：吉林出版集团有限责任公司.

唐世平. 2010. 社会科学的基础范式. 国际社会科学杂志（中文版），27（1）：5，84-107.

谢富胜. 2005. 分工、技术与生产组织变迁——资本主义生产组织演变的马克思主义经济学阐释. 北京：经济科学出版社.

谢富胜. 2012. 控制与效率：资本主义劳动过程理论与当代实践. 北京：中国环境科学出版社.

张浩淼，仲超. 2019. 工作福利在我国社会救助改革中的适用性分析——基于典型福利国家实践的比较与启示. 经济社会体制比较，（4）：118-127.

Acemoglu D，Autor D. 2010. Skills，tasks and technologies. NBER Working Paper.

Alt J，Iversen T. 2017. Inequality，labor market segmentation，and preferences for redistribution. American

Journal of Political Science, 61（1）：21-36.

Estevez-Abe M, Iversen T, Soskice D. 2001. Social protection and the formation of skills：a reinterpretation of the welfare state//Hall P, Soskice D. Varieties of Capitalism：The Institutional Foundations of Comparative Advantage. Oxford：Oxford University Press：145-153.

Hudson J, Kühner S. 2009. Towards productive welfare? A comparative analysis of 23 OECD countries. Journal of European Social Policy, 19（1）：34-46.

Iversen T, Soskice D. 2001. An asset theory of social policy preferences. American Political Science Review, 95（4）：875-893.

Iversen T, Wren A. 1998. Equality, employment, and budgetary restraint：the trilemma of the service economy. World Politics, 50（4）：507-546.

Lewchuk W. 1989. Fordist Technology and Britain：The Diffusion of Labour Speed-Up. Canada：Warwick Economics Summer Workshop.

Lupu N, Pontusson J. 2011. The structure of inequality and the politics of redistribution. American Political Science Review, 105（2）：316-336.

Martin R, Rowthorn B. 1986. The Geography of De-Industrialisation. London：Macmillan.

Montgomery D. 1979. Workers' Control in America. Cambridge：Cambridge University Press.

Palier B, Thelen K. 2010. Institutionalizing dualism：complementarities and change in France and Germany. Politics & Society, 38（1）：119-148.

Peck J, Theodore N. 2000. "Work First"：workfare and the regulation of contingent labour markets. Cambridge Journal of Economics, 24：119-138.

Pontusson J. 1995. Explaining the decline of European social democracy：the role of structural economic change. World Politics, 47（4）：495-533.

Rowthorn R. 2004. De-industrialisation and the balance of payments in advanced economies. Cambridge Journal of Economics, 28（5）：767-790.

Streeck W. 2012. Skills and politics：general and specific//Busemeyer M R, Trampusch C. The Political Economy of Collective Skill Formation. Oxford：Oxford University Press：317-352.

Swenson P. 2004. Varieties of capitalist interests：power, institutions, and the regulatory welfare state in the United States and Sweden. Studies in American Political Development,（18）：1-29.

Tang S. 2011. A General Theory of Institutional Change. New York：Routledge.

Thelen K. 2001. Varieties of labor politics in the developed democracies//Hall P, Soskice D. Varieties of Capitalism：The Institutional Foundations of Comparative Advantage. Oxford：Oxford University Press：76-92.

复杂经济学的复杂性科学基础

张　鑫①

摘　要：本文通过阐述复杂经济学的基本内涵、梳理复杂经济学的思想来源发现：尽管基于复杂性科学的经济学范式——复杂经济学——的基本观点与以演化经济学为主要代表的其他非正统经济学的基本观点一致，但不同的是，复杂经济学更多的是把经济系统的动态性、有机性以及演化特征作为其认识论和方法论层面的基本属性。这些属性呈现出典型的复杂性特征，于是以复杂性为一种认识论框架或隐喻喻体的经济学便称为“复杂经济学”。复杂经济学的本体论基础依然不排斥主流范式，或者说与放宽后的新古典基本假设是相容的。因此，复杂经济学既在主流阵营占有一席之地，又在非正统学界共享话语体系。复杂经济学这一特殊的理论定位可能有助于减少范式偏见，促进经济学的多元化发展。

关键词：复杂经济学；复杂性科学；范式；演化；涌现

中图分类号：F019 F09

一、引　　言

复杂经济学（complexity economic）首先由美国经济学家布莱恩·阿瑟（Brian Arthur）提出。根据阿瑟（2018）的定义，复杂经济学是一门超越了均衡层面的经济学理论，认为“经济不是确定的、可预测的、机械的，而是依赖过程的、有机的、永远在进化的”，其基本假设是“经济不一定处于均衡状态”或者说“非均衡状态才是经济的自然状态”。从最一般的意义上来讲，复杂性系统指的是由部分与整体之间的适应性反馈循环形成的体系。由于部分与整体之间的动态非线性关系，我们无法通过部分来从本质上认识整体，整体具有部分或者部分和所不具有的属性、特征、行为、功能的特性。也就是说，复杂性系统具有相对独立性或涌现性。

随着科技的进步与认识的深化，人们发现在一系列的新情况、新问题面前，以线性关系及其叠加为核心的经典科学及其思维范式已经越来越显示出其局限性。同时，人们也发现“自然界不是存在着，而是生成着并消逝着”（恩格斯，1972），并发现宇宙在永不停息的形成秩序和结构的过程中涌现出显著的复杂性特征。

---

① 张鑫，男，汉族，云南大学经济学院博士研究生，研究方向：经济思想史、复杂经济学、经济学研究范式。

以新古典经济学为代表的正统经济学都有着一种“帝国主义”的倾向和把自己发展成为一门“真正的科学”的努力。就学科性质来讲，复杂性思想在经济学中有着远高于自然科学的适用性，但事实上，自边际革命以来，出于“科学化”（其实是形式化）的需要，主流经济学就被深深打上了封闭、静态、线性、均衡等范式烙印。这样的禁锢，有时甚至是选择性忽视导致的“Sins of omission”（忽弃当为之过）（阿克洛夫，2020）。经济学家似乎一直都以构造和论证建立在抽象假定前提下的数学模型为荣，满足于形式上的均衡与秩序，而无视真实世界中无所不在的复杂性经济现象，这就无怪乎有人曾指出经济学只是“屠龙术”“少数人彰显智力的数学游戏”，其最大作用不过是“为一些经济学家提供就业机会而已”。

兴起于20世纪80年代的复杂性科学（complexity sciences）是系统科学发展的新阶段，也是当代科学发展的前沿领域之一。目前，复杂性理论研究已取得了丰富的成果，而在其中又以复杂适应系统（complex adaptive system，CAS）理论最为典型，并具有代表性。CAS是由圣塔菲研究所（Santa Fe Institute，SFI）指导委员会主席之一、遗传算法的发明人约翰·H. 霍兰德（John H. Holland）于1994年SFI成立十周年所举行的乌拉姆系列讲座的首次报告会上提出来的。CAS的核心概念是“主体”（active agent），核心思想是“适应性造就复杂性”。简单来说，CAS是这样一种组织结构：组织的每个成员都是一个行为主体，这些行为主体具有自主的反馈和行为机制、与其他主体之间交互（信息和物质）的能力、对环境依赖和适应的能力，并且具有相互依赖性。每个成员还能根据其他成员的行动以及环境变化不断修正自身的行为规则，以便与整个组织和环境相适应。整个宏观系统的演化，包括新层次的产生、分化和多样性的出现等，都是在这个基础上逐步派生出来的。复杂性科学的发展，不但引发了自然科学界的变革，而且也日益渗透到哲学、人文社会科学领域。英国著名物理学家霍金称“21世纪将是复杂性科学的世纪”（Hawking，2000）。复杂性科学之所以能赢得如此盛誉，并带给科学研究如此巨大的变革，主要是因为复杂性科学在研究认识论和方法论上的重大突破与创新。

复杂性范式的引入能够解决传统经济学所面临的诸多难题。“每次革命都改变了科学研究的对象……每次革命都彻底改变了科学的形象”（库恩，2012）。复杂性范式是科学思维领域的重大革命，“复杂性范式经济学”也的确是对传统经济学的“破坏性创造”。复杂性思想，作为一种对主流经济学范式的经典假设和结论提出挑战的新思想，使传统经济学家面临着要么进一步扩展旧范式的边界，以弥合旧范式与新现象之间表面上存在的不可调和的差异；要么建构一种新范式，来解决已经出现的一些难以用传统方法予以解决的新问题。然而，通过对主流经济学范式的基本假定和内容的系统分析，经济学所内含的本质复杂性昭然若揭。因此，建构一种新的复杂经济学范式，对解决经济学目前所面临的危机并推动经济学研究的进一步深化而言是必要的。

二、复杂性基础：涌现过程

为什么我们所处的世界如此复杂，而物理规律却如此简单？为什么大爆炸导致复杂性不断增加，地球上有了生命，产生了具有意识的人类大脑，最终形成了复杂的社会形态（巴克，2001）。这是我们面临的重大问题。这不仅是一个物理问题，更重要的是，它暗示了一种超越“还原论”（reductionist）的认识论。

还原论假说在哲学家中或许仍具争议，但该假说已被绝大多数研究者在事实上所接受（Anderson，1972），即我们的思维和身体的运作，以及我们所知的任何有生命的或无生命的物质的运作，都是被一套相同的基本定律所控制的，并且我们已经非常了解这些基本定律，除了在某些极端（物理）状态下基本定律可能失效。

依据“还原论”，似乎可以得到这样不言自明的推论：既然万事万物遵循相同的基本定律，那么只有研究真正基础的事物才是研究基本定律，对应的学科包括数学、粒子物理学、心理学及“最科学的社会科学”新古典经济学等。甚至只要掌握了这些基本定律，就意味着掌握了已知真理，面对任何问题都能无往不利，即使面临这些基础学科之外的问题，只要对这些基本定律加以综合和推演，总能解决。

一个经典的例子是“拉普拉斯兽”（Laplace’s Demon）思想实验。拉普拉斯的基本理论如下：只要了解物质前一刻的运动状态，就可以推出下一刻的运动状态，把整个宇宙的每一个粒子的运动状态确定以后，就可以推出下一刻的运动状态。换言之，当下的客观世界是过去的果和未来的因。于是拉普拉斯假想这世间存在一种神兽，它善推演，能知万物，它能掌握全宇宙中每一个粒子的瞬时位置和速度。根据牛顿力学定律，就可以预测出未来任意时刻粒子的状态，同时也能推算出过去任意时刻粒子的状态。这一理论直接暗示的是决定论，或者说是宿命论：从宇宙大爆炸那一刻起，宇宙间的任何物质（包括人在内）在任何时间空间的状态都已经决定了，就如同一本已经写好的剧本，事物的发展不过是按既定的剧本上演既定的剧情罢了。

这种想法的主要谬误在于“还原论”假设并不能推出“建构论”（constructionist）结果，即将所有事物还原为简单的基本定律的能力，并不意味着能够从这些基本定律出发重构整个宇宙。因为这一过程是本质不可逆的。热力学定律和量子力学原理深刻地揭示出，之所以无法实现重构，并不是因为我们没有“拉普拉斯兽”那样的感知能力和演算能力，而是因为根本的宏观不可逆性和微观不确定性。换言之，事物的发展从根本上而言并不是构建的，而是演化的，演化过程具有本质复杂性特征。事实上，粒子物理学揭示出越多的基本物理定律，这些基本定律和其他自然科学的关联就越少，同时和社会问题的关联也就越少（Anderson，1972）。

一旦面对尺度和复杂性的双重困难，建构论自然会站不住脚。大量基本粒子集合体相互作用的复杂行为，并不能通过少数基本粒子性质的简单外推来理解。事实上，在复杂性的每一个层次上，都会有崭新的性质出现。对这些新性质的研究，本质上同样是基础性的。物理学的规律并不总是从小的尺度外推而得到的，在复杂的物理体系中，随着时间的演化，系统对称性自发破缺，无序中出现了有序的自组织结构（无序的水分子中凝结出规则的雪花；无序交往的人群形成相对稳定的社会制度），并且在不同的尺度上，都存在这样的涌现现象。一群基本的个体，一组简单的规则，纷繁复杂的物理现象和社会现象就这样在我们的面前演化出来了。

当我们反对“还原论”时，其实是反对作为认识论的还原论的逆向适用，即“建构论”。因为“还原论”实际上不仅是一种认识论，还是一种指导科学研究的方法论。当我们面对复杂的自然现象和社会现象时，“还原论”抽丝剥茧的思想方法和抽象能力指导我们探寻事物的本质，是我们发现事物运动规律的有力武器。它可以帮助我们理解和解释现象，从而一定程度上预测未来。应注意的是，这里的“预测”绝不意味着“建构”，“一定程度上”也不是和稀泥的文字游戏。前者意味着存在不可消除的偏差，后者意味着“预测”有时效性。例如，我们现在可以轻松获取地球上任何一点的 24 小时天气预报，包含气温、降水、风向风力等各种气象变化信息，甚至未来两周内的天气情况也能获知（随着预测的时点不断推后，预测的准确性不断下降；但如果是建构过程，每时每刻都必然是完全精确的）。这依赖于我们气象部门的气象卫星、气象雷达等技术设备和气象观测员、分析员等技术人员，他们就像人造“拉普拉斯兽”的感官和大脑，感知当下，推演未来。根本的区别在于，为了预测降水，我们关注的是云层的分布、密度和动向，而不是关注水分子或者氢原子和氧原子的运动；同理，为了预测气温，我们关注的是光照的强度，而不是到达地面的光子的种类和数目。有必要指出的是，这是一种为了方便分析做得非常粗略的简化，绝不能成为线性决定论的依据。结合经验稍加分析便可看到，降水和气温以及风力、湿度等其他纷繁复杂的气象因素都是相互影响的。

先前的“还原论”思路是，要探寻事物的本源，就是要把它分解，得到其组成元素和基本构件，分得越细小就越精确。当以量子力学为代表的现代粒子物理学指引人类穷极观测能力不断发现更加精微的结构时，不但出现了“分得越小越不精确”的悖论，甚至连“构件”本身都消失不见了，能够观测到的是某种特定结构。如果考虑量子比特这一特定结构的话，解决问题的思路就变了（Wen，2017）。我们认为万物（基本粒子及空间）都源于量子比特：空间是量子比特的“海洋”，基本粒子是量子比特的波动涡旋，基本粒子的性质和规律则源于量子比特海中量子比特的组织结构。在新思路下，结构比实体更重要。换言之，实体也不过是更底层结构基于复杂性的涌现。考虑结构会使我们对自然界的基本性质有更深刻的理解，这跟老思路考虑物质的实体很不同。二者可作一个形象地类比，当观察一圈水波时，是关注局部被波纹带动的上下荡漾的水，还是关注作为向外扩散的波纹这样一个运动结构。老思路看重的基本实体，是还原论；而新思路看重的组织结构，则是演化论。

三、复杂性思想的若干特征

复杂性思想以其相对于传统线性思维的颠覆性与革命性，超越了一般方法论的意义而上升到了“范式”的高度。托马斯·库恩曾在《科学革命的结构》中指出：范式的危机、破裂与演变是科学发展的重要环节和集中体现。在库恩看来，科学革命的实质就是“范式转换”，是在理论和实践的发展不断中，排挤掉“不可通约”的原有范式的过程（库恩，2012）。作为一种新范式的复杂性思想具有以下特征。

（一）非线性

从字面意思来讲，“非线性”与“线性”是一对数学概念，用于区分数学中不同变量之间两种性质不同的关系。苗东升（2001）认为，可以从认识论和方法论两个层面来认识及区分线性思维与非线性思维。从认识论角度来看，线性思维认为，现实世界本质上是线性的，非线性不过是对线性的偏离或干扰。非线性思维认为，现实世界本质上是非线性的，但非线性程度和表现形式千差万别，线性系统不过是在简单情况下对非线性系统的一种可以接受的近似描述。从方法论角度来看，线性思维认为，非线性一般都可以简化为线性来认识和处理。非线性思维认为，在一般情况下都要把非线性当成非线性来处理，只有在某些简单情况下才允许把非线性简化为线性来处理。基于复杂性的观点看来，非线性作用是系统无限多样性、不可预测性和差异性的根本原因，是复杂性的主要根源。非线性思维是一种直面事物本身的复杂性以及事物之间相互关系的复杂性、运用超越直线式的思维去力争更清晰地理解和把握认识对象的思维方式。不可否认，在认识简单的事物时，直线式的思维方式有利于提高认识的效率，并且，线性关系带来的“可形式化以求均衡解”的优势，符合自然法则的传统观念，但是在认识经济现象等复杂的社会事物时，如果单单为了追求一种简单性、便捷性、效率性、相关性，而抛却事物的复杂性本质，我们得到的会是一种看似“非常科学”的认识结果，从而导致一种削足适履式的学科范式，进而误导我们的实践。正如凡勃伦所强调的，经济学家对自然法则的追求使得他们把注意力集中在不现实的人类行为假设上，去建立一些与现实世界缺乏联系的分析模型，忽略制度演化的作用（Dorfman，1934）。实际上，随着我们的思维范式由线性（原子论、还原论）向非线性（系统论）的转变，我们对自然和社会的本来面目的认识就更加深刻。

（二）不确定性

不确定性是针对确定性而言的，是对确定性的否定。在近代科学发展史上，以牛顿力学为代表的经典自然科学向人们描绘了一幅确定性的世界愿景，并且宣称在这幅愿景图中的空白之处或者不清晰之处只是暂时的，是等待人类去逐渐填充的领域。20 世纪 60 年代以来，现代系统科学中关于混沌现象的研究，却打破了传统科学中把“确定性”与“不确定性”截然分割的思想禁锢。大量客观事实和实验表明，正是由于确定性和不确定性的相互联系和相互转化，才构成了丰富多彩的现实世界。著名科学家普里高津曾说：“我坚信，我们正处在科学史中一个重要的转折点上。我们走到了伽利略和牛顿所开辟的道路的尽头，他们给我们描绘了一个时间可逆的确定性宇宙的图景。我们现在却看到了确定性的腐朽和物理学定义新表述的诞生。”（普里戈金，2009）事实上，许多学科领域关于“不确定性”的研究成果已经揭示了微观和宏观世界中不确定性的必然存在，如量子力学中的海森伯不确定原理、数理逻辑中的哥德尔定理、社会选择理论中的阿罗不可能性定理以及模糊逻辑等方法的提出，都从不同的学科角度，把“不确定性”作为一种认识论基础引入了科学研究。地质科学家亨利·N. 波拉克说：“科学并不会因为不确定性而衰弱。恰恰相反，许多科学的成功正是由于科学家在追求知识的过程中学会了利用不确定性。不确定性非但不是阻碍科学前行的障碍，而且是推动科学进步的动力。科学是靠不确定性繁荣起来的。”（波拉克，2005）

（三）自组织性

自组织是相对于他组织而言的，我们一般把不能自行组织、自行创生、自行演化，不能够自主地从无序走向有序的组织称为他组织。他组织只能依靠外界的特定指令来推动组织向有序演化，从而被动地从无序走向有序。相反，自组织是指无须外界特定指令就能自行组织、自行创生、自行演化，能够自主地从无序走向有序，形成有结构的系统，它是由组成系统的元素之间以及元素和系统整体之间的非线性作用导致的。

自组织理论是 20 世纪 60 年代末期开始建立并发展起来的一种系统理论。它的研究对象主要是复杂自组织系统（生命系统、社会系统）的形成和发展机制问题，即在一定条件下，系统是如何自发地由无序走向有序、由低级有序走向高级有序的。吴彤教授认为自组织理论由耗散结构理论、协同学、突变论、超循环理论、分形理论和混沌理论组成（吴彤，2001）。其中，耗散结构理论是解决自组织出现的条件环境问题的，协同学基本上是解决自组织的动力学问题的，突变论从数学抽象的角度研究了自组织的途径问题，超循环论解决了自组织的结合形式问题，分形理论和混沌理论则从时序和空间序的角度研究了自组织的复杂性和图景问题。一般认为，系统开放、远离平衡、非线性相互作用、涨落是自组织形成的基本条件。

自组织现象无论是在自然界还是在人类社会中都普遍存在。一个系统自组织功能愈强，其保持和产生新功能的能力也就愈强。我们把这种无须外界控制和干扰、通过系统自身的调节和演化达到有序的特性称为自组织性，如达尔文提出的“物竞天择，适者生存”，就可以看作自然界中的生物通过生态系统的自身调节而达到的不同物种之间进化发展的自组织过程；而凡勃伦提出的社会演化出现的两个体系：由金钱部门及其维护者构成的制度—仪式体系，以及由工业部门及其维护者构成的技术—工具体系，也可以看作一套由人的两类本能演化而来的自组织结构。

（四）涌现性

复杂性科学把系统整体具有而部分或者部分和所不具有的属性、特征、行为、功能等特性称为涌现性。也就是说，当我们把整体还原为各个部分时，整体所具有的这些属性、特征、行为、功能等便不可能体现在单个的部分上。人是由一堆细胞构成的，但人不是一堆细胞。

我国古代思想家老子的“有生于无”的观点，便是对涌现性朴素而又深刻的理解和表达。冯·贝塔朗菲（1987）借用亚里士多德的著名命题“整体大于部分之和”来表达涌现性；霍兰德（2000）认为涌现的本质是“由小生大，由简入繁”。复杂性科学家常借用“复杂来自简单”来表述涌现，认为复杂性是随着事物的演化从简单性中涌现出来的。

虽然涌现性是整体的一种现象和特性，但是整体的现象和特性不一定都是涌现。冯·贝塔朗菲区分了累加性与生成性（非加和性）两种整体特征，把整体分为非系统总和与系统总和两种。要清楚地认识到单单只把各部分特性累加起来所形成的整体特性不是涌现性，只有依赖于部分之间特定关系的特征所构成的生成性（不是加和性）才称得上是“涌现性”（冯·贝塔朗菲，1987）。由此可见，从部分本身的简单相加来推断、预测涌现现象是不可能的，涌现性是一个描述复杂系统层次所呈现的模式、结构或特征的科学概念。

四、经济学中的复杂性思想

在经济思想史中，不乏复杂性思想的火花，但彼时缺乏复杂性科学提供的描述工具和理论体系，因此很少有经济学家明确提出成体系的复杂性思想。尽管如此，复杂性思想在经济学发展的历史潮流中并非无源之水，自古典经济学以来，复杂性思想就一直伴随着经济思想的发展。

（一）古典时期

在《国富论》中，亚当·斯密对劳动分工和规模报酬的论述已经包含了自组织复杂性结构的思想，在对社会剩余的分配论证和政策评估的不确定性阐释中也暗含复杂性思维；达尔文的自然选择学受马尔萨斯的人口论启发而来，而人口或种群与生存环境之间的相互作用也契合了非线性复杂性思想；约翰·斯图亚特·穆勒强调经济与社会的内在关联，经济现象体现出明显的路径依赖性，同时也区分了生产过程及分配过程的技术范畴和社会范畴，这种既明确关联性又强调独立性的观点也符合涌现性复杂性思想；马克思的阶级分析中强调个体理性是个体所在社会环境的塑造结果，而社会环境又是无数个体交往关系的总和，这几乎已经是复杂经济学的核心观点之一。

（二）新古典时期

剑桥学派的方法论特征似乎与复杂性思想格格不入。例如，作为其学派核心内容的均衡价格理论，便与强调本质非均衡的复杂性思想背道而驰，更不用说在均衡分析框架下来分析商品和生产要素的供求关系均衡及其价格。另外，用简单的“趋利避害”主观心理动机解释人类的经济行为，认为人类的经济生活都是由追求“满足”和避免“牺牲”这两类动机支配的，进而决定着商品和各种生产要素的需求和供给。这种简化的认知模型便于上述均衡分析的形式化，但也更为复杂性思想所摒弃。然而，作为剑桥学派的创始人，马歇尔本人反对形式化，他认为经济的本质是复杂的，而数学工具的形式化方法并不能反映出这种复杂性，经济学基础存在于热力学中。在马歇尔看来，应该是生物学而不是数学物理学，才是在精神气之上最接近经济学的科学，原因在于人的行为的多样性和不确定性使得经济研究无法实现物理定律一样的精确性。

哈耶克对经济复杂性的观点更加明确。他在诺贝尔奖获奖致辞中指出，经济学的研究对象在本质上具有复杂性，因此还原论的方法不适用于经济学研究，但经济学正在模仿纯科学（还原论式的研究方法）。哈耶克重视价格，但并不把价格单纯理解为供求关系的结果，而是把价格看作行为主体无法计算的系统信息的储存。他强调自组织过程，并在关于自生秩序的论述中指出：组织复杂性依赖于行为主体相互关联的结构或秩序，与行为主体相似的是，这种结构也是相互关联的，其形成和变化是由结构所包含的主体相互协调适应所决定的（Mitchell and von Hayek，1968）。因此，结构和组成结构的主体一样是本质性的。这基本揭示了经济体系的自我组织、自我协调的复杂性自组织结构本质。

与马歇尔相似，凯恩斯本人质疑计量方法的适用性，但其追随者对其理论的形式化发展却大大方便了计量工具的施展。凯恩斯认为经济过程是非遍历性的，而经济产品也是非同质化的（Keynes，1973）。"动机、期望和心理上的不确定性"是经济学研究无可回避的微观基础，而这些因素又会因人、因时、因地发生转变，这使得精确的形式化研究要实现有参考价值的预见性变得相当困难。结合我们对经济的复杂性本质的分析，这种分析方法何止于困难，实际上是完全不可能的。另外，在一个有限知识和不确定性结构组成的语境中，分析经济现象会变得更加复杂（王亚男，2015）。因此，在凯恩斯看来，基于同质化理性和均一化遍历性的形式化方法显然是行不通的。

由此可见，自古典时期起，以亚当・斯密为起点，一代又一代的经济学家已经开始有意无意地触碰到经济复杂性的微观实质：从行为主体之间的交互关系中来探索经济现象的规律。然而，直到新古典经济学时期，以马歇尔、哈耶克和凯恩斯为代表的经济学家才开始系统性思考经济学的复杂性本质。但是，它们对经济学和经济现象的复杂性本质的分析仍然是一种朴素的思考，是不能够形式化的，而主流经济学家对于经济学的数学化和公理化设定不仅可以得到描述，还可以进行定量分析。当经济学的这种"科学化"进程开始建立霸权时，是否能够实现形式化表述和分析就开始成为能否为主流所接纳的一个重要前提。因而从新古典以来，到计算机模拟技术诞生之前，这种对经济复杂性本质的思考一直处于萌芽状态，而未能实现进一步发展。因此，直到复杂性科学实现数学工具和算力工具的突破、计算机模拟开始实现深度学习能力乃至人工智能，复杂经济学研究才提出了基于计算机模拟的形式化方法，弥合了经济复杂性的朴素观念和精确分析之间的鸿沟，也让复杂经济学从萌芽状态迅速倒向了主流阵营。这或许是复杂经济学未发端于新古典经济学时期的原因之一。

以上是经济思想史中所蕴含的复杂性思想。通过上述梳理可以看出，复杂经济学源于主流经济学似乎是一个自然而然的演变过程，但实际上仍是在主流经济学形式化霸权的统摄下的一种新型形式化道路。

五、复杂经济学的基本观点

复杂性范式的引入能够解决传统经济学所面临的诸多难题，不少经济学家已经在这方面进行了非常有益的探索。例如，人们发现资本市场的演化已经可以运用混沌、分形理论的工具进行分析和解释，一般市场的演化和计划经济的发展也被一些经济学家运用非线性科学和信息科学的工具进行了描述。在此基础上，布莱恩·阿瑟首次提出了复杂经济学，其主要观点可概括为三点。

（一）行为主体认知和决策的逻辑

在新古典经济学中，所有经济行为主体均为“理性人”，按照理性人假设，行为主体根据事态发展，通过贝叶斯网络方式不断更新预期，以使得行动方案总能满足最优化。虽然有限理性强调了行为主体有限的认知能力，但依然暗含由演绎推理带来的统一的认知方式和认知结果，即所有的行为主体面临相同的决策环境，并且对环境有一致的认识。相反，复杂经济学从经济行为主体真实的认知过程和行为方式出发，基于复杂性科学的不确定性原理和非线性假设，超越了单一的认知方式和认知结果，即阿瑟（2018）所强调的“非均衡状态才是经济的自然状态，演绎推理将被归纳推理所取代”。首先，尽管决策环境是客观的，但行为主体所面临的问题是由该主体的认知所刻画的，具有主观性和异质性。从而行为主体所采取的行动也是基于其特有认知所做出的。新型冠状病毒肺炎疫情以来，之所以有的国家，政府严阵以待、民众积极配合；而有的国家，政府充满了傲慢偏见、民众满不在乎，正是基于不同的认知带来不同的主观信念和意识形态，而这些认知体系的形成，必然是历史的、有制度基础的。所以某行为主体所面临的决策环境可以描述如下：由其他行为主体的行动共同构成的、由该行为主体特异性认知所构造和解释的世界。换言之，行为主体之所以无法实现新古典经济学意义上的最优化，并非受限于感知能力和推演能力，而是因为在主体的价值判断无法统一的前提下，“最优”和“完全理性”本身就不存在。

（二）相互作用形成结构的逻辑

在新古典一般均衡分析中，行为主体之间并不存在直接互动，而必须通过“市场”这一媒介；而在新古典的博弈分析中，每个博弈参与人都与所有其他博弈参与人发生互动，通过支付矩阵给出博弈结果。这两种相互作用的逻辑过于极端和简化，都把关键的“结构”忽略掉了，包括行为主体进行分析和决策的内部认知结构和行为主体之间相互作用的关系网络结构。在复杂性的视角看来，这样的结构来自自组织过程，而不是行为主体的线性堆积。自组织决定了结构是涌现的，具有行为主体及其总体所不具有的属性和特征。因此结构非常重要，在某种意义上，比组成结构的元素还重要。这具体体现在三点：第一，所有的经济行为都涉及行为主体之间的相互作用，因此经济目标不仅受行为主体之间相互作用构成的网络结构的约束，同时依附于这一网络结构实现。第二，经济行为通过代入涌现的社会角色和社会正当程序，也就是制度，来完成其结构化；结构化的社会行为又巩固和延续了制度。例如，由于有闲阶级的思想习惯和行为习惯是社会的主导，普通大众也纷纷仿效有闲阶级的行为，从而在这个社会中强化了这种思想习惯和行为习惯，使得整个社会成为一个“仪式体系”（张林，2010），即制度。第三，经济现象具有递归结构，元素本身也由其他次级实体构成，即某个复杂结构层次上的“元素”通过组成特定结构的整体，形成更高复杂结构层次的“元素”。

（三）真实过程和涌现的逻辑

通过前述分析可见，将经济视为行为主体在“客观约束条件”下追求“利益最大化”的观点，并无多大实际意义，却将经济学研究导向一种以形式化彰显“科学化”的、少数人炫耀智力的数学游戏。复杂经济学所强调的是经济现象发生的真实过程，即使一定程度的抽象和还原，也是为了方便研究的必要的抽象，而关注的要素一定是真实过程背后的本质特征。具体而言，复杂经济学旨在研究新的结构如何在经济中“涌现”以及如何相互作用。包括新的认知结构，如认知模式和价值评价体系等；新的技术结构，如知识、技艺或设备等；新的社会结构，如微观的市场结构和宏观的制度结构等。

六、结　语

从主流经济学内部的发展来看，其研究方法存在明显的局限性，其研究结果并不能为现实的经济问题提供有说服力的解释、有参考性的预见以及有意义的解决方案。然而这一重大缺陷并不足以使主流学界重新思考经济学的多元化可能，而是通过发展出“行为经济学”“实验经济学”等旁支，对其基本假设中做修正和放宽，在其形式化方法中注入越来越多的“复杂性”，从而实现“异质性”“动态性”“有机性”等自我改良。这看似主流经济学所保持的一种开放态度，实则是通过构筑范式保护带实现的免疫防御机制[①]。当出现与核心假设不兼容范式的挑战时，外围保护带便展示出“改良方案”中的兼容部分，从而与挑战范式实现某种共生关系，进而消解了这种挑战；对于针锋相对无法实现共生的挑战范式，主流体系则采取打压、孤立、无视的政策，然后通过免疫机制发展出新的外围保护带，从而在范式竞争中立于不败之地。

从外部社会技术来讲，研究工具的极大发展，特别是计算机算力的急速攀升，为经济学家提供了分析经济系统动态属性和非线性演化过程的有力工具。因此，复杂经济学本质上是传统经济学方法与非正统经济思想之间的某种范式融合。但是，无论是从经济思想的源流关系来看，还是从本体论基础的逻辑一致性而言，复杂经济学产生于主流经济学，而它的非正统意味更多地来源于其复杂性基础与演化范式方法论的内在契合。

---

① 此处借鉴的是 Caballero（2010）提出的一个“核心—外围”模型。他首先把宏观模型分为“核心”和“外围”两部分。其中，核心是动态随机一般均衡模型或标准凯恩斯模型；另有大量的文献通过围绕该核心探索出一定的偏差来构筑外围模型：但一次仅限一个这样的偏差。Caballero（2010）给出了采用这种建模策略的方法论理由：“外围是要隔离特定的方法机制。（因此）它围绕这些方法机制的来源，针对性设置了假设条件，来排除有害信息的有害影响。”他说，允许理论模型与标准凯恩斯模型或动态随机一般均衡模型有所偏差，但是这种允许的偏差在每个模型中仅限一次。然而，预测危机所需的几个偏差超出了可发表的范围。

参考文献

阿克洛夫 G A. 2020. “忽弃当为之过”与经济学实践. 张鑫，等译. 未公开出版.

阿瑟 B. 2018. 复杂经济学：经济思想的新框架. 贾拥民译. 杭州：浙江人民出版社.

巴克 P. 2001. 大自然如何工作：有关自组织临界性的科学. 李炜，蔡勖译. 武汉：华中师范大学出版社.

波拉克 H N. 2005. 不确定的科学与不确定的世界. 李萍萍译. 上海：世纪出版集团，上海科技教育出版社.

冯·贝塔朗菲 L. 1987. 一般系统论：基础、发展和应用. 林康义，魏宏森，等译. 北京：清华大学出版社.

霍兰 J H. 2000. 隐秩序：适应性造就复杂性. 周晓牧，韩晖译. 上海：上海科技教育出版社.

库恩 T. 2012. 科学革命的结构. 4 版. 金吾伦，胡新和译. 北京：北京大学出版社.

马克思，恩格斯. 1972. 马克思恩格斯选集（第三卷）. 中共中央马克思恩格斯列宁斯大林著作编译局编译. 北京：人民出版社.

苗东升. 2001. 复杂性研究的现状与展望. 系统辩证学学报，9（4）：3-9.

普里戈金 I. 2009. 确定性的终结：时间、混沌与新自然法. 湛敏译. 上海：世纪出版集团，上海科技教育出版社.

王亚男. 2015. 社会科学的新范式——复杂性社会科学哲学研究. 山西大学博士学位论文.

吴彤. 2001. 自组织方法论论纲. 系统辩证学学报，9（2）：4-10.

张林. 2010. 2009 年凡勃伦—康芒斯奖获得者保罗·D. 布什的制度变迁理论. 演化与创新经济学评论，（1）：25-34.

Anderson P. 1972. More is different：broken symmetry and the nature of the hierarchical structure of science. Science，177（4047）：393-396.

Caballero R J. 2010. Macroeconomics after the crisis：time to deal with the pretense-of-knowledge syndrome. Journal of Economic Perspectives，24（4）：85-102.

Dorfman J. 1934. Thorstein Veblen and His America. New York：Augustus Kelley.

Hawking S. 2000-01-23. Unified theory’s getting closer，hawking predicts. San Jose Mercury News.

Keynes J M. 1973.The general theory of employment，money and interest//Keynes J M. The Collected Writings of John Maynard Keynes，Vol. Ⅶ. London：Macmillan for the Royal Economic Society：297.

Mitchell W C，von Hayek F A. 1968. Article studies in philosophy，politics and economics. American Political Science Association，62（3）：968.

Wen X. 2017. Discovery of fractionalized neutral spin-1/2 excitation of topological order. Chinese Physics Letters，34（9）：5，6.

数字劳动产生与发展的政治经济学分析及现实启示——一个生产性劳动的视角[①]

王守义[②]　梁倩倩[③]　罗　丹[④]

摘　要：作为数字经济发展内在逻辑的外在表现，数字劳动形式可以通过对劳动过程进行重塑以更好地实现资本价值增值，也赋予了马克思劳动价值理论新的内容。本文的研究表明，数字劳动本质上是马克思生产性劳动在数字经济时代的最新表现形式，它加速了价值创造和资本积累过程，有利于缓解资本主义经济危机，但并不能真正消除危机产生的根源。新型冠状病毒肺炎疫情暴发后，数字经济正在迎来一个新的发展契机，同时其发展过程中也包含着更多的不确定性。从科技创新推动、劳动形式变化、资本积累实现三个层面来理解劳动形式嬗变所折射出的数字经济发展的劳动价值理论基础，有助于我们摆脱以往在认识新的经济形态时所面临的经验主义陷阱，深刻理解数字经济等新经济形态发展背后的生产关系变迁逻辑，尤其是从资本积累过程深刻透视数字经济未来发展趋势。

关键词：生产性劳动；科技创新；数字经济；资本积累；劳动价值理论

中图分类号：F0-0

一、引　　言

进入新时代，中国数字经济发展方兴未艾，信息通信技术（information and communication technologies，ICTs）的涌现及其广泛应用释放出巨大的生产能力，这种以数字技术为核心带动整个经济活动全过程发生改变，并创造出巨大经济和社会效益的经济模式，正在深刻影响并改变着中国经济发展的进程，也驱动着全球生产力的升级和新型生产关系的塑造。尤其是数字经济时代数字劳动形式及其价值创造过程已然呈现出

---

① 基金项目：教育部人文社会科学研究青年基金项目“产融结合下中国制造企业技术创新融资错配的纠正机制研究”（项目编号：19YJC790141）阶段性成果；国家社会科学基金青年项目“积累的社会结构理论视角下西方马克思主义经济学新发展研究”（项目编号：15CJL002）资助。

② 王守义，男，经济学博士，云南大学经济学院副教授，硕士生导师，研究方向：政治经济学。

③ 梁倩倩，女，云南大学经济学院硕士研究生。

④ 罗丹，女，云南师范大学经济与管理学院副教授，硕士生导师，云南大学经济学院博士研究生，研究方向：发展经济学、政治经济学。

新的特征和内涵，亟待进行认识和研究，这对于在新时代完善和发展马克思主义理论体系，指导我国社会主义经济高质量发展，具有重要的理论意义。

近年来，数字经济发展及相关问题已然成为学界研究的热点问题，研究文献颇丰。仅归纳从政治经济学视角对数字经济及其发展问题进行研究的文献，不难发现学者们：①肯定数字资本主义和数字经济的存在（Schiller，2000），继而对数字经济出现的一系列新特征进行细化和表述（Fuchs，2016），如分析了数字化过程和线上广告的崛起，重申了马克思的理论在分析数字经济中的重要作用（Fuchs，2019），探讨了数字经济对资本主义生产方式的重塑（乔晓楠和郗艳萍，2019）。②提出新概念和范畴重新认识数字经济对劳动形式和劳动过程的影响，学者们开始对受众劳动（邱海平和赵敏，2017）、非物质劳动（唐正东，2013）和数字劳动（Duménil and Lévy，2011）等新概念和范畴的理论内涵进行阐释，认为这些概念本身回归了马克思主义政治经济学理论（谢芳芳和燕连福，2017）。上述研究从概念出发研究了数字经济发展中存在的问题，形成了本文分析的基础。从本质上来讲，数字经济的发展以新一轮科技革命所推动的劳动形式嬗变及其价值实现过程为基础，但当前从马克思生产性劳动理论出发，对数字经济发展的劳动价值理论逻辑进行系统研究的文献仍显不足。本文尝试从科技创新推动、劳动形式变化、资本积累实现三个层面来理解劳动形式嬗变所折射出的数字经济发展的劳动价值逻辑意蕴，有助于摆脱以往在认识新的经济形态时所面临的经验主义陷阱，更好地运用马克思劳动价值理论来厘清数字经济发展背后的生产关系变迁，进而从资本积累过程透视数字经济未来的发展趋势。

二、数字经济及其对传统生产性劳动内涵的拓展

马克思认为，科技创新是推动社会经济发展的根本动力。正是随着科技创新进步，人类社会步入数字经济时代，因此，我们选择以科技创新作为分析传统工业经济形态向现代数字经济形态转变的逻辑起点。首先不置可否的是，在数字经济条件下，科技创新为资本追求自身价值增值提供了更多的可能性，工业时代的生产性劳动范畴和意义已然发生了变化，数字经济推动生产性劳动内涵拓展的逻辑也得以体现。具体来看：一方面，科学发现带来了生产工具的革命，由此所推动的科技创新则促使数字经济产生和发展，并逐步与资本主义经济周期契合，这为劳动形式嬗变提供了物质前提；另一方面，社会生产力的发展促使生产性劳动向数字经济时代的非物质生产领域扩展，从而为资本实现价值增值提供更多的可能性。

（一）科技创新推动的社会生产力发展为劳动形式嬗变提供了物质前提

马克思认为，科技创新在资本主义发展史中占有十分重要的地位。科技创新推动产生的新经济形态与资本主义经济周期契合，为劳动形式嬗变提供了物质基础，有利于资本实现价值增值。在资本主义经济发展史上，几次重大科技创新带来了整个社会经济形

态的巨大变革，这缘于每一次科技革命都是一种新的技术经济范式，即由科技创新引发主导技术结构变化，进而对宏观和微观的经济结构与运行模式造成变革。可以说，生产技术的革新和生产方法的变革在资本主义经济发展过程中具有至高无上的作用，“创新”或生产要素的“新组合”是资本主义最根本的特征（熊彼特，2016）。从广义上来看，数字经济酝酿于 20 世纪 70 年代，是为应对彼时资本主义利润率下降的滞胀危机而发生的信息通信技术革命的产物。毫无疑问，信息通信技术是基础性的、对生产力发展具有决定性意义的重大科技创新，它催生了新的产业部门和生产社会性更高、组织管理更合理的新型企业，还导致了产业结构的变革和基础设施的大规模建设，并形成了科技革命和产业革命浪潮。数字技术的广泛传播推动了世界经济迅速增长。随着信息通信技术在经济领域的渗透，数字经济于 20 世纪八九十年代得以迅速发展，2008 年金融危机以后又迎来了一个新的发展阶段，数字生产力逐渐形成。这一先进生产力形式体现在数字科技创新日新月异，已成为新一轮科技革命和产业变革的重点方向；数据成为继土地、劳动力、资本、技术之后的第五大生产要素；实体经济不断向数字化转型，互联网、大数据、人工智能与实体经济开始融合，产业数字化与数字产业化由此得以同步推进。同时，与数字生产力相适应的生产关系也在构建之中，政策体系和制度环境逐步形成，阻碍其发展的体制机制障碍不断被打破。但是，数字经济的这一发展过程实质上隶属于科技创新所推动的资本主义经济长周期的某个阶段，其发展趋势也遵循经济周期规律。

如前所述，科技创新无疑对资本主义的发展进程有非常重大的影响，但其改变不是偶然的，而是“属于长期波动的节奏”之中，长期波动产生于资本主义实质上所固有的那些原因。一般认为，资本主义社会存在 50~60 年的经济周期（Kondratieff，1984），每一次的经济复苏和繁荣，都是由关键的科技创新所推动的，信息通信技术则引领了数字经济的发展。20 世纪 70 年代始，西方资本主义国家因信息通信科技革命的推动，进入了第五次“技术经济范式”时期，数字经济形态开始萌芽，推动其逐渐摆脱了滞胀危机。21 世纪之交，网络技术在全球实现了广泛应用，在扩张性市场逻辑的影响下，因特网正在带动政治经济向数字资本主义转变。随着信息通信技术的发展，全球因特网协议流量（global internet protocol traffic）在近 30 年时间内迅速发展，1992 年每天的流量大约是 100GB，2002 年之后达到了每秒 100GB，到了 2017 年则实现了每秒超过 46 600GB，预测 2022 年将为每秒 150 700GB。数据的爆炸不仅体现在量变，在内容上也发生了质变，直接催生了一系列存储、处理、传输、应用数字数据的技术革新，如区块链技术、3D 打印、5G 移动宽带、物联网、云计算、自动化和机器人、人工智能和数据分析、海底电缆等迅速发展，硬件设施、软件和 IT 信息咨询服务以及通信领域逐步取得了长足发展。伦敦政治经济学院 2018 年指出：信息和通信技术行业的创新溢出效应最为明显，为其他科技创新的 2 倍。从全球层面来看，20 世纪末至今，国际信息通信技术的发展逐步进入成熟期，数字技术的创新扩散效应递减，数字经济所属的行业发展逐渐趋于垄断，如谷歌、亚马逊、阿里巴巴等大公司在行业内的垄断地位日益稳固。垄断的形成显著降低了数字经济和数字技术发展的扩散效应，其中一部分发达国家的数字化衰退现象始于 2008~2009 年（席勒，2001）。不容忽视的是，这些不断创新的基础科学技术已经渗透到经济和社会生活的各个领域，为数字经济的产生和发展提供了坚实的技术基础和物质基础，数字经济的产业部门，如平台经济、电子商务、工业 4.0、精准农业等，均在此基础上涌现，劳动力逐渐成为共享的对象（森健和日户浩之，2020）。可以说，极大地改变了传统劳动形式，工业化时代生产性劳动的范畴和意义在数字经济时代得到进一步拓展，在发展生产和价值创造中的作用越来越突出，如数字劳动等劳动形式得以产生并发展，由此社会劳动生产率和资本价值增值能力逐步提高，劳动的组织监督与管理成本却在降低。

（二）生产性劳动向数字经济时代的非物质生产领域扩展

社会生产力的发展促使生产性劳动从个人的过程向社会的过程转化，数字技术体系与实体经济的深入融合又促使生产性劳动的外延扩大，现代生产性劳动向数字经济时代的非物质生产领域扩展，从而为资本实现自身价值增值提供更多的可能性。马克思劳动价值理论是以 19 世纪中叶工业化初期蒸汽机时代和资本主义经济发展上升时期的实践为考察对象建构的。马克思认为，形成商品价值的劳动只能是社会劳动，而不是私人劳动，在此意义上，生产性劳动与社会劳动是同义语。处于分工和交换关系中的生产者不仅要生产使用价值，还必须生产价值，即他的劳动须转化为社会劳动。所以，从商品经济的角度来看，对原有的生产性劳动的一般性规定还要加上更贴近的规定，才能适应商品经济社会关于劳动生产性的要求。对此，马克思认为："实现在商品中的劳动，对我们表现为生产性劳动。"（马克思和恩格斯，1982a）马克思对这一层次的生产性劳动的分析，反映了他的逻辑分析方法，与生产性劳动的自然属性相比较，这一层次的生产性劳动是更深化了的范畴，它是在生产性劳动自然属性的基础上，又加进了生产商品和创造价值这一社会规定性，并且把生产性劳动的自然属性包含在创造价值的社会规定性之中了。可见，就商品经济而言，一种劳动并不是因为它是生产性劳动才创造价值，相反，正是因为它创造了价值，所以才是生产性劳动。

马克思对生产性劳动社会属性的分析并没有到此为止，而是进一步分析了资本主义生产性劳动的社会形式规定。马克思认为生产性劳动并不是什么生产物质产品的劳动，而是生产剩余价值的劳动。对此，马克思指出：因为资本主义生产的直接目的和真正产物是剩余价值，所以只有直接生产剩余价值的劳动是生产性劳动，只有直接生产剩余价值的劳动能力的行使者是生产工人，就是说，只有直接在生产过程中为了资本的价值增值而消费的劳动才是生产性劳动。（马克思和恩格斯，1982b）从上述分析中看出，生产性劳动是马克思根据一定的生产目的而对劳动所做出的规定，但是以对生产性劳动的社会形式的分析作为主要内容。劳动者的劳动是否具有生产性，取决于他所处的社会经济关系而不是劳动的自然属性，这是马克思的生产性劳动理论与斯密生产性劳动学说的根本区别，也是马克思政治经济学理论最主要的特征。因此，在马克思的分析中，同一内容的劳动由于所体现的社会经济关系不同，可以说是生产性劳动，也可以是非生产性劳动。马克思曾经举了大量的例子来说明生产性劳动的社会属性，以此表明生产性劳动范畴强调的是劳动的社会属性而非自然属性。对此，马克思曾指出："生产性劳动是劳动的这样一种规定，这种规定本身同劳动的一定内容，同劳动的特殊有用性或劳动所借以表现的特殊使用价值绝对没有关系。”（马克思，1982c）同时，马克思还提出了“总体工人”的概念，认为生产性劳动的外延会随着生产性劳动过程中劳动协作的变化而扩大。对此，马克思曾指出：“随着劳动过程的协作性质本身的发展，生产性劳动和它的承担者即生产工人的概念也就必然扩大。为了从事生产劳动，现在不一定要亲自动手；只要成为总体工人的一个器官，完成他所属的某一种职能就够了。”（马克思，2004a）马克思在这里提出生产性劳动概念扩大的原因是协作劳动及劳动工具的现代化，由于建立在分工深化基础上的协作劳动的发展，故把以往不属于物质生产领域的劳动者也整合进来，形成了总体工人的概念；又由于生产性劳动手段的现代化，出现了许多不直接进入生产现场的“不一定亲自动手”的从事生产性劳动的工人，这既扩大了生产性劳动的范围，又扩大了生产工人的范围。

经济理论是对社会经济现象和经济规律的反映。虽然马克思是以物质生产部门作为劳动价值理论，尤其是生产性劳动理论的主要分析对象，而对非物质生产领域的资本主义关系加以了舍象，但不能把这一舍象绝对化为普遍的现实和规律，从而得出生产性劳动和国民收入的创造只能以物质生产为界限的结论。全面分析马克思关于生产性劳动理论方法以及生产性劳动在当前数字经济时代的现实发展，应该看到，过去被马克思所舍象的非物质生产领域在现代已经成为社会生产的主体，数字经济时代劳动形式变化与资本价值增值导向一脉相承，生产性劳动应该从传统的物质生产部门向包括非物质生产领域的所有经济部门扩展。

（三）数字劳动的概念及其生产性劳动内涵分析

众所周知，马克思的生产性劳动理论是在对资本主义经济分析的基础上提出来的。根据马克思对“总体工人”概念的阐述，数字劳动便是与数字信息技术相关联的“总体工人”，不仅包括数字资本所雇佣的相关软硬件的生产者，也包括数字平台的消费者（邹琨，2020）。随着劳动力领域呈现出的一系列新的特征，实践对理论也提出了更高的要求，数字劳动这一概念的提出，正是劳动形式对技术变迁语境下自身所面临的挑战的回应。数字劳动由蒂齐亚纳·特拉诺瓦在“免费劳动：为数字经济生产文化”一文中提出，他以互联网用户无偿的、自愿的网络行为所提供的“免费劳动”来界定“数字劳动”，包括阅读和浏览网站、阅读和回复邮件等“网络”活动（Terranova，2000）。特勒伯·舒尔茨总结出了“玩劳动”（playbour），指的是互联网上的休闲、娱乐和创造性的无偿劳动，正在模糊劳动与玩乐的界限（Scholz，2013）。意大利自治主义学者迈克尔·哈特和安东尼奥·奈格里则认为，“伴随着工厂模式普遍化而来的是劳动过程的本性和特征方面的变化，更准确地说，我们社会中的劳动正在转向非物质劳动，即智力的、情感的劳动，科技的劳动和电子人（cyborg）的劳动”（Hardt and Negri，1993）。但是，沿着马克思主义传统来分析数字劳动，则以克里斯蒂安·福克斯（Christian Fuchs）为代表，他认为数字劳动是以对劳动主体、劳动对象、劳动工具和劳动产品的异化为基础的，这一观点遵循了数字劳动的政治经济学内涵。同时，他还将分析的视角延伸至整个信息通信技术产业链，拓展至全球化生产中，数字劳动包括了信息技术行业整个价值链上所涉及的各种劳动，体现的是当代资本主义生产的全球架构的剥削，资本主义媒介和文化由全球生产模式塑造（Fuchs，2014）。因此，数字劳动作为劳动形式发展的产物，其自身并未超越马克思的工业劳动叙事，反而成为信息通信技术蓬勃发展背景下，资本能够利用各种意识形态来加强和隐蔽自身剥削性的一种手段。也就是说，数字劳动的价值创造与价值增值属性符合马克思关于生产性劳动的论述，即数字劳动是一种生产性劳动。

人类社会的复杂性和多元化使得生产性劳动与非生产性劳动并不存在难以逾越的鸿沟，随着虚拟经济和网络经济的繁荣，以及劳动指向对象和劳动产品享用者的变化，很多非生产性劳动在实质上也会转化为生产性劳动（李锐，2015）。当前以信息通信技术为主要推动力量的新一轮科技革命方兴未艾，由于网络效应以及提取、控制和分析数据能力的提高，平台经济势如破竹般地生长，通过计算网络用户产生的数据，可以精准地匹配用户的兴趣，从而产生很高的收益。2010 年网络广告收益占世界广告收益份额的15%，2017年则提高到了38%，2023年可能会达到60%。这种收益的来源即数字劳动，也被称为“受众劳动”，即以用户的消费性为特点，是用户在互联网上阅读、浏览与收听时所进行的消费活动，这些行为被资本积累所觊觎，因为人们的网络行为、社交媒体活动等信息化活动能够生产使用价值。社交网站的定向广告是一种新的剥削模式，整个数字劳动过程是一种价值增值过程。数字劳动作为马克思主义意义上的生产性劳动，在数字经济发展过程中往往表现为免费劳动，这种免费劳动是指知识文化的消费被转化为额外的生产性活动，被劳动者接纳的同时也受到了潜在的剥削。事实上，互联网上的专业劳动和无酬劳动都属于生产性劳动，马克思认为资本的增值在生产领域产生，在流通领域实现，数字劳动具有的“产销一体化”使得生产与流通的间隙不复存在，互联网用户的数字劳动和专业劳动都是支撑互联网运行所必需的，都属于数字劳动，能够产生价值。

总之，数字经济塑造了新的劳动形式和资本主义生产方式，数字劳动的产生从根本上改变了传统的劳动过程和资本积累方式，这种劳动形式在本质上仍是生产性的，符合马克思生产性劳动理论内涵。具体如下：一是数字劳动是生产剩余价值的劳动，无论是受众劳动，还是产销一体化劳动，都通过直接或间接的方式完成了价值增值；二是数字劳动的范围扩大，但仍属于“总体工人”规定的范畴，在数字经济时代表现为数字生产活动过程中的一个器官，完成产生数据或生产剩余价值的功能；三是数字劳动会表现为“免费劳动”恰好说明其被剥削的本质没有改变，剥削程度反而加深了，资本主义生产关系的内在矛盾也加深了。

三、数字劳动的产生及其价值分析

新一轮技术变革引发了生产力的巨大变革：一是信息成为生产力中的一个重要因素，信息成为生产过程和经济增长的关键因素，数字经济作为一种更高级、可持续的经济形态产生并深入发展，以信息通信技术为核心技术手段对经济社会的各个方面起着前所未有的促进作用（裴长洪等，2018）；二是使劳动资料，尤其是生产工具的构成和作用发生了重要变化；三是引起了劳动力的构成和劳动者素质的提升，智力劳动者成为劳动大军的主流，数字劳动成为新的劳动形式。我们不仅思考，经济形态的变化何以促使劳动形式的嬗变。数字劳动的产生及其价值分析就成为再认识数字经济时代劳动价值理论时要解决的关键问题。

（一）数字经济推动数字劳动产生的基本逻辑

随着生产力的发展，数字经济逐渐发展成为一种新的经济形态，非物质产品生产中的劳动的生产性问题日益成为理论界讨论的热点。正如马克思所指出的生产性劳动的范畴一开始就不限于物质产品的生产领域，只是由于在马克思所生活的年代，非物质生产领域还很不发达，在社会经济生活中处于次要地位。实际上，在马克思的观点中，任何社会形态下的劳动无不包含自然形式（劳动的内容）和社会形式（形式规定性）两个方面，自然形式和社会形式都不是一成不变的，而是随着生产力的发展和社会关系的变化而变化的，需要真正理解劳动的社会形式和自然形式在生产性劳动问题上的辩证关系及其发展变化。例如，工业革命前生产性劳动以农业劳动为主要形式，农业几乎是国民经济的基础，而工业革命以来的生产性劳动从农业为主向制造业为主转移，机器大工业和机械化的大农业构成了完整的物质生产体系，此时的生产性劳动被定义为生产物质产品的劳动；后工业化时代的生产性劳动进一步向非物质生产领域扩展，第三产业已然成为新的经济增长点，成为经济发展的强大动力，生产性劳动的外延已经不能局限于“物化在商品中、物化在物质财富中”的劳动，而应该扩展到整个经济领域中的劳动，包括提供各种生产服务和生活服务的劳动，这些非物质生产领域为各种劳动形式的产生和发展提供了物质基础，也为资本实现价值增值提供了更多的可能性。

社会生产力是随着科学和技术的不断进步而不断发展的。科学向直接生产力的转化，是以技术为中介的，即首先把科学原理转化为技术发明，其次使生产工具不断革新；通过学习，劳动者的科学知识不断增加、劳动技能不断提高；通过创新工艺、新方法，劳动对象不断扩大。技术劳动的增加使参与价值创造的劳动外延大大拓展，许多以前不存在或不曾出现的劳动开始成为创造价值的劳动，而随着越来越多的劳动者参与到价值创造的劳动之中，一个社会创造的新价值有增加的趋势。具体来说，随着云计算、大数据分析和物联网等数字技术体系的发展，以信息化、智能化和网络化为核心特征的新一轮科技革命，正在重塑资本主义生产方式和经济组织形式。它们将数据存储和服务集中于众多的数字化工厂手中，用来处理海量的由网络传感器所收集的信息，传感器可能嵌置于消费者、生产部门和办公室的设备抑或活着的个体之中。企业大都采取了崭新的平台组织模式，作为适应数字技术体系的资本积累和社会生产与再生产的新组织形式，平台经济依靠高效的数据采集和传输系统、发达的计算力以及功能强大的数据处理算法所支持的数字平台，跨时空、跨国界、跨部门地集成社会生产、分配、交换与消费活动，促进了社会生产力发展（谢富胜等，2019）。由此，劳工所从事的传统工作的特性出现了四个重要变化，包括在家远程工作、移动工作、知识工作，在城市中心及其高科技“集群地”的汇聚、国际性劳动分工的形成，这些改变给劳工带来了较大的挑战，劳动形式正经历从传统的基于雇佣劳动的工厂制向基于隐性劳动的平台经济模式过渡，一种包括更复杂劳动关系的劳动形式，即数字劳动产生并发展起来了。

（二）对数字劳动的价值判断及分析

数字劳动是以对劳动主体、劳动对象、劳动工具和劳动产品异化为基础形成的新劳动形式。一是信息技术的扩散可以替代一部分人类劳动，提高劳动生产率，同时也导致了劳动技能的退化，产业后备军的规模日益扩大，资本主义制度的核心矛盾——劳资关系的矛盾进一步加深；二是以数字技术体系为基础构建起来的平台组织，依靠广泛采集和传递信息的数字平台得以重组劳动过程，使知识劳动、传统劳动和新纳入的社会劳动对资本的形式隶属日益向实际隶属转变，而且知识劳动和传统劳动相比，收入与工作都更加不稳定；三是互联网时代的“无酬劳动”增加，这是数字技术不断模糊生产与消费、工作与闲暇之间边界的后果，大量消费者通过使用各种数字媒介投身于生产性活动中，成为无酬的“产消合一者”（简称产消者），如以游戏公司为主的众多企业让用户通过玩耍的形式，在玩家作为劳动者，在生产性劳动之外的闲暇时间继续为资本创造价值（姚建华，2016）。

对数字劳动的价值进行判断与分析，首先需要关注数字劳动的异化和剥削性质。特拉诺瓦（Terranova）通过研究“免费劳动”创造的价值，揭示出数字劳动被掩盖的扩大剥削状况；福克斯的研究更趋于马克思的观点，他区分了数字工作和数字劳动，认为数字劳动是数字工作在资本主义社会的异化，并提出了“三重异化”模型。第一重异化是劳动者与劳动力的异化，劳动者如果不去参与网络社交这类活动，就会受到孤立，产生社交的匮乏感。第二重异化是劳动者与生产资料的异化，一方面是劳动者与劳动对象异化，指的是“数字劳动”生产出来的人类经验和文化是在资本的控制之下的，另一方面是劳动者与劳动工具的异化，即社交媒体中“数字劳动”的工具主要是网络平台，但网络平台属于大公司所私有。第三重异化是劳动者与劳动产品的异化，即“数字劳动”生产出来的货币财富被资本家所占有（Fuchs and Sevignani，2013）。以上是从异化和剥削角度理解数字劳动，这源于马克思也曾用异化和剥削来解释工厂里的雇佣劳动。

其次，数字劳动并未改变劳动对资本的隶属关系。近年来，信息通信技术部门的就业人数增长也很快。据统计，全球信息通信技术部门的就业人数从2010年的3 400万人到2015年的3 930万人，增长了16%，占总的就业人数比重从1.8%上升至2%，由于计算机服务业比其他信息通信技术部门能吸纳更多的就业，在同一时期更是增长了27%。以华为为例，有80 000人参与了R&D（包括软件研发），占公司总劳动力的45%，而另外三个发展中国家（巴西、印度和摩尔多瓦）计算机服务部门的就业比重超过了50%。这说明数字劳动群体的规模正在扩大，为资本增值创造了十分有利的条件。数字劳动同样服务于资本增值，并且表现得更加不遗余力，资本对数字劳动的控制蔓延至更广阔的场域，迫使数字劳动的隐形工作时间不断延长，尤其是社交媒体上的用户劳动所受到的剥削程度相较于工业资本主义时期更甚。这主要是因为数字劳动的产生极大地拓展了相对剩余价值和绝对剩余价值生产的时空范围：一是将更多的劳动者带入绝对剩余价值生产的过程，扩大了资本剥削劳动的领域，与数字技术相关的劳动者都卷入其中；二是更多的非生产时间变成资本主义生产的时间，工作与闲暇的边界变得模糊，相应地也增加了生产绝对剩余价值的时间；三是将工作日延长到身体界限和社会界限的极限值，以最大化地增加绝对剩余价值的生产时间，如“外卖骑手困在系统里”；四是通过劳动力贬值而缩短社会必要劳动时间，马克思曾指出：“机器从一开始，在增加人身剥削材料，即扩大资本固有的剥削领域的同时，也提高了剥削程度。”（马克思，2004a）数字技术体系的应用使得大量劳动力变成了具有不稳定雇佣关系的劳动者，零工经济的存在则进一步恶化了这种状况。究其根本，科技创新虽然改变了劳动过程和劳动表现形式，有利于掩盖资本对劳动进行剥削的事实，但不能改变资本和劳动之间本质上就存在着的权力关系不平等的本质。

从根本上来说，数字劳动是马克思意义上的生产性劳动，数字劳动体现了当代劳动领域出现的新特征，在一定程度上诠释了数字经济带来的经济和社会变革及其对劳动市场的重塑。数字劳动强调的是劳动与知识和信息的深入融合，以及媒介在价值创造中的作用，这种形式的劳动扩大了传统生产领域的范围，延伸了资本剥削的场域。上述基于马克思主义经济学逻辑进行分析发现，数字劳动是劳动价值论数据化研究的开始，其存在的合理性可以从资本价值增值的逻辑来考察，因为数字劳动是大数据条件下涌现的资本新价值的源泉，是马克思劳动价值理论在数字经济时代的创新和拓展。

四、进一步的分析：数字劳动过程与资本积累的实现

在马克思看来，科学技术是一种在人类历史上起推动作用的革命力量，先进生产力发展的结果必将使得其与旧的生产关系发生矛盾，并导致生产关系发生变革（马克思，2004b）。数字经济时代的生产方式发生了巨大变化，但数字劳动仍然是分析数字经济下劳动价值创造和实现资本积累的逻辑起点，那么数字劳动如何产生价值，能否实现正向的资本积累，是后疫情时代亟须从理论和实践层面厘清的问题，也是理性判断数字经济未来发展趋势的前提。

（一）对数字劳动过程的进一步分析

数字劳动作为生产性劳动，在产生剩余价值时离不开商品（数据）这个媒介，因为商品中具有价值和使用价值，对数字劳动过程的分析有助于进一步认识劳动价值论的框架。数字劳动的直接产出内容是以数据形式存在，“数据”作为一种生产要素的重要性已经在党的十九届四中全会中被提出，通过数据开发，进一步生产出一种全新的商品及其价值。在数据生产过程中，生产经营管理也是数字劳动的有机组成部分，数据技术和管理人员也能够凭借提供生产经营管理等复杂劳动在参与分配时得到较高的报酬（李政和周希禛，2020），这些都属于数字劳动过程的组成部分。同时，数字劳动参与到数据

生产的过程，可以通过劳动投入、生产资料、技术手段等环节展现出来。例如，在数据采集、数据存储和数据开发的各个阶段都有物质生产资料和劳动力的投入，都能够生产出数据的使用价值和交换价值。随着数据的收集、存储以及开发技术的不断发展，数据成为可以交易、可以增值的重要资产。同时，数字化正以不同方式转变价值链，产生新的价值生产方式和结构变化，一个全新的“数据价值链”已经形成，其中包括支持数据收集、从数据产生见解、数据存储、分析和建模的公司，一旦数据转化为数字智能并通过商业用途货币化，就有了价值。

数字劳动还模糊了生产和消费的边界。通常，生产者为生产产品的工人，消费者为使用这些产品的用户，但是在数字技术体系下，消费者越来越多地通过使用不同的媒介来创造价值。例如，在Facebook、微博等社交媒体上发布自己的照片、视频和文字等，他们同一般的劳动工人不同，并不因为自己的努力工作而被支付明确的报酬，因此被称为产消者。产消者在平台上的数字活动完成了劳动力的再生产，同时提供了大量的数据和内容，包括便于推销广告的数据和能够吸引更多用户的内容。例如，今日头条、抖音等 APP 能够通过大数据分析，为用户主动推送他们感兴趣的内容；视频网站 Bilibili 上的视频大都是由UP主自行制作并上传，这些UP主的田园生活和美食视频是出于兴趣爱好而创作的内容，但却成为其扩大再生产过程的关键；用户为了获取乐趣，在互联网上进行娱乐性质的活动，如闲聊、网络游戏、视频观看和互动、音乐欣赏等，这些活动也为平台生产了更多的资源和数据。因此，用户既作为消费者，又作为数据和内容的生产者，被纳入数字劳动过程，即价值生产过程。随着社交媒体平台越来越成为社会信息传播和个人信息获取的重要渠道，通过产消者的数字活动，还会对劳动力再生产过程进行引导和塑造。企业可以在社交媒体上投放商业广告，用户在浏览广告后进行点赞、评论和转发，不仅扩大了接受广告信息的用户数量，还塑造了传播过程中自己和大众对于广告商品的态度，既是广告的目标受众和消费者，又是使广告信息进行广泛传播的载体，能够帮助实现商品价值。这种劳动力再生产过程使得劳动被资本剥削的方式更加隐蔽，但无法改变劳动对资本的隶属关系。

（二）数字劳动价值的实现

资本主义经济发展史也表明，科技创新能够促进生产方式的转换和剩余价值的生产，提高资本积累的速度，最终又会受制于劳资关系矛盾和资本主义经济存在的根本性矛盾。科技创新促进了生产发展，科技成果被大规模地应用于生产和其他社会领域，社会生产力得到迅速提高，这显然会促使生产方式和生活方式发生深刻变化，但这反过来又会加剧资本主义基本矛盾。马克思进一步指出，“必须变革劳动过程的技术条件和社会条件，从而变革生产方式本身，以提高劳动生产力，通过提高劳动生产力来降低劳动力的价值，从而缩短再生产劳动力价值所必要的工作日部分”（马克思，2004a），其目的正是增加相对剩余价值的生产，尤其是当科学成为生产力后，会引起新一轮科技革命和生产的关系的变革，反过来又促进了科学技术在广度和深度上的发展，结果是资本主义的阶段性发展。就当前数字经济时代的资本积累过程而言，可以说科技进步与控制雇佣劳动二者间关系的动态变化促使劳动过程不断演变，同时也导致了资本主义积累体系的阶段性演变。数字经济的发展无疑是得益于信息通信技术的深度发展，在数字经济技术体系下，数字劳动作为生产性劳动加速了资本积累的进程。随着信息通信技术的成熟和在经济领域中的广泛渗透，这一先进生产力的潜能逐渐被释放出来，劳动生产率不断提高，数据商品的流通速度也尽可能地加快，无处不在的鼓励消费的社会环境，都有利于价值生产和资本积累实现。美国 1997 年的数字经济真实产业增加值为 2 260 亿美元，到 2017 年则达到了 14 835 亿美元，仅在 20 年间就增长了近 5.6 倍①；有数据显示，2015 年 8 月至 2017 年 8 月，在中国新经济中，占比最大的是新一代信息技术和信息服务行业，约占新经济规模的 1/3，其在中国整个经济规模中所占比重基本稳定在 10%，据国家发展和改革委员会测算，近 3 年我国数字经济总量年均增长达 20%②。

数字劳动不仅包含了数字内容生产的劳动形式，从广义上来说，还包含了农业、工业、信息等领域的劳动形式。当然，古典奴隶制、封建主义和一般资本主义的生产方式也并存于信息通信技术产业链中，如被奴役的非洲矿工为萃取数字产品所需的矿物质必须面临极其恶劣的劳动条件，这些甚至构成了一个全球的剥削网络，创造了资本主义在信息通信技术行业中的各种资本积累方式，数字劳动工人始终难逃被剥削的命运。也就是说，数字劳动及其价值生产过程虽然有利于资本积累，但是剥削程度加深且更加隐蔽，加之资本主义固有的劳资矛盾和垄断趋势，所以数字经济的发展会增加经济周期的波动和不确定性，不能从根本上解决资本主义的基本矛盾。正如布雷弗曼（1978）所强调的，产业资本家以生产过程的实现和转换为手段来控制劳动者，从而提高劳动强度和生产力。

五、主要结论与现实启示

经济理论是对社会经济现象和经济规律的反映。本文遵循“科技创新推动—劳动形式变化—资本积累过程”的逻辑对数字经济时代劳动价值理论进行分析后主要得到了以下结论：①数字经济的产生和发展首先有赖于科技创新推动的社会生产力的不断发展，而作为数字经济发展内在逻辑的外在表现，数字劳动形式可以通过对劳动过程进行重塑以更好地实现资本价值增值。②数字经济时代劳动形式变化与资本价值增值导向一脉相承，生产性劳动应该从传统的物质生产部门向包括非物质生产领域的所有经济部门扩展。③数字劳动强调的是劳动与知识和信息的深入融合，以及媒介在价值创造中的作用，这种劳动形式拓展了传统生产领域，延伸了资本剥削的场域，这有利于资本积累，但是剥削程度加深且更加隐蔽，加之资本主义固有的劳资矛盾和垄断趋势，所以数字经济的发展会增加经济周期的波动和不确定性，不能从根本上解决资本主义的基本矛盾。④数字劳动的产生及发展赋予了马克思劳动价值理论以新的内容，数字劳动是马克思意

① 数据来源于 BEA，即美国经济分析局（Bureau of Economic Analysis）。

② 数据来源参见：http://finance.people.com.cn/n1/2019/1106/c1004-31441489.html，2019-11-06.

义上的生产性劳动，数字劳动体现了当代劳动领域出现的新特征，在一定程度上诠释了数字经济带来的经济和社会变革及其对劳动市场的重塑。总之，对数字经济时代的马克思劳动价值理论进行再分析与认识，有助于我们摆脱以往在认识新的经济形态时所面临的经验主义陷阱，深刻理解数字经济等新经济形态发展背后的生产关系变迁逻辑，尤其是从资本积累过程深刻透视数字经济未来发展趋势。

中国特色社会主义进入了新时代，发展数字经济应遵循马克思劳动价值理论，重视对劳动价值理论的继承与发展。首先，应密切关注科技创新与数字劳动形式的变化。一方面，在科技创新的不同阶段适当地采取支持政策，鼓励其发展，尤其是在科技创新动力不足的情况下，加大对国内高科技创新企业的支持力度以保持创新优势和数字经济发展的相对领先地位，应该成为政策制定与实施的首要目标。另一方面，通过资本主义生产关系变迁来分析数字经济发展，不仅能够更好地透视数字经济下的资本积累和价值创造过程，还能从历史唯物主义角度分析数字经济对经济基础的深刻改变，以更好地把握数字经济的发展趋势，警惕未来由数字经济可能产生的一系列经济和社会问题。尤其是要结合数字经济发展的实际情况，敏锐察觉劳动力市场的变化，保障数字劳动工人的合法权益，利用我国的社会主义市场经济制度的优势努力克服资本主义社会中数字劳动所带来的剥削加深，及其引发的社会问题。

其次，中国数字经济起步相对较晚，发展潜力巨大，在当前的世界经济周期循环中占据一定的优势，尤其是进入新时代以来，数字经济对于我国摆脱经济下行压力，实现经济高质量发展目标来说十分重要。正如习近平总书记指出："我们要坚持创新驱动发展，加强在数字经济、人工智能、纳米技术、量子计算机等前沿领域合作，推动大数据、云计算、智慧城市建设，连接成21世纪的数字丝绸之路。"①中国特色社会主义进入了新时代，中国经济发展也进入了新常态，我们既要用数字经济推动经济高质量发展，也要实现数字经济自身的高质量发展，还要借鉴发达国家关于数字经济发展的经验和相关理论研究成果，三者有机结合方能加快建设创新型国家，实现后发经济体的追赶目标。

参考文献

布雷弗曼 H. 1978. 劳动与垄断资本：二十世纪中劳动的退化. 方生，朱基俊，吴忆萱，等译. 北京：商务印书馆.

李锐. 2015. 马克思经济学—哲学视阈下的生产劳动和非生产劳动问题——基于《1861—1863年经济学手稿》文本研究的分析与探讨. 重庆理工大学学报（社会科学），29（9）：68-74.

李政，周希禛. 2020. 数据作为生产要素参与分配的政治经济学分析. 学习与探索，（1）：109-115.

马克思. 2004a. 资本论（第1卷）. 中共中央马克思恩格斯列宁斯大林著作编译局编译. 北京：人民出版社.

马克思. 2004b. 资本论（第2卷）. 中共中央马克思恩格斯列宁斯大林著作编译局编译. 北京：人民出

① 习近平. 携手推进"一带一路"建设. http://theory.people.com.cn/n1/2018/0104/c416126-29746009.html，2018-01-04.

版社.
马克思，恩格斯. 1982a. 马克思恩格斯全集（第 48 卷）. 中共中央马克思恩格斯列宁斯大林著作编译局编译. 北京：人民出版社.
马克思，恩格斯. 1982b. 马克思恩格斯全集（第 23 卷）. 中共中央马克思恩格斯列宁斯大林著作编译局编译. 北京：人民出版社.
马克思，恩格斯. 1982c. 马克思恩格斯全集（第 49 卷）. 中共中央马克思恩格斯列宁斯大林著作编译局编译. 北京：人民出版社.
马克思，恩格斯. 1982d. 马克思恩格斯全集（第 20 卷）. 中共中央马克思恩格斯列宁斯大林著作编译局编译. 北京：人民出版社.
裴长洪，倪江飞，李越. 2018. 数字经济的政治经济学分析. 财贸经济，39（9）：5-22.
乔晓楠，郗艳萍. 2019. 数字经济与资本主义生产方式的重塑—— 一个政治经济学的视角. 当代经济研究，（5）：5-15.
邱海平，赵敏. 2017. 受众劳动理论研究述评. 经济学动态，（4）：101-110.
森健，日户浩之. 2020. 数字资本主义. 野村综研（大连）科技有限公司译. 上海：复旦大学出版社.
唐正东. 2013. 非物质劳动与资本主义劳动范式的转型——基于对哈特、奈格里观点的解读. 南京社会科学，（5）：28-36.
席勒 D. 2001. 数字资本主义. 杨立平译. 南昌：江西人民出版社.
谢芳芳，燕连福. 2017. “数字劳动”内涵探析——基于与受众劳动、非物质劳动、物质劳动的关系. 教学与研究，（12）：84-92.
谢富胜，吴越，王生升. 2019. 平台经济全球化的政治经济学分析. 中国社会科学，（12）：62-81.
熊彼特 J. 2016. 经济发展理论. 何畏，等译. 北京：商务印书馆.
姚建华. 2016. 数字劳工：产消合一者和玩工. 北京：商务印书馆.
邹琨. 2020. 数字劳动的生产性问题及其批判. 马克思主义理论学科研究，（1）：46-54.
Duménil G，Lévy D. 2011. Unproductive labor as profit-rate-maximizing labor. Rethinking Marxism，23（2）：216-225.
Fuchs C. 2014. Digital Labor and Karl Marx. New York：Routledge.
Fuchs C. 2016. Reading Marx in the Information Age：A Media and Communication Studies Perspective on Capital（Volume 1）. New York：Routledge.
Fuchs C. 2019. Rereading Marx in the Age of Digital Capitalism. London：Pluto Press.
Fuchs C，Sevignani S. 2013. What is digital labor? What is digital work? What's their difference? And why do these questions matter for understanding social media? Triple C：Communication，Capitalism & Critique，11（2）：237-293.
Hardt M，Negri A. 1993. Labor of Dionysus. Minneapolis：University of Minnesota Press.
Kondratieff N. 1984. The Long Wave Cycle. New York：International Money Line.
Schiller D. 2000. Digital Capitalism：Networking the Global Market System. London：Cambridge University Press.
Scholz T. 2013. Digital Labor：The Internet as Playground and Factory. New York：Routledge.
Terranova T. 2000. Free labor：producing culture for the digital economy. Social Text，18（2）：33-57.

演化经济学之量子场理论——从劳动生产力、金融创新力到疫情防控

曾尔曼[1]

摘　要：运用分形理论将商品价格类比于质点的位移及其微分即利润率（速度）、不变资本与可变资本之和类比于质量，经典的谐振子牛顿物理模型经 Wick 旋转变换可得到价格的薛定谔波动方程，经典力学、统计力学、量子力学等的相关原理便可通过投入产出“矩阵经济学”实现“二次量子化”，以“量子场论”运用于定量表征人类社会系统，使之成为科学的公理化学术体系。“生产力”作为政治经济学概念可表达为利润率增长率（加速度）与剩余价值（动量）之积，即剩余价值的增速（也就是利润最大化），亦是生产函数对时间的偏微分。熊彼特创新理论的本质是劳动分工，创新度可由资本有机构成与利润率表征；“创新力”则是生产函数之增速暨生产函数对时间的微分。严格意义上的技术进步率应该是生产率之增长率——技术创新率。金融力可以广义货币 M2 与剩余价值表征。约化资本有机构成即不变资本的份额可作为生产关系的标度，其与生产力的演化方程的特征根为虚数对且与分工水平暨熊彼特“创新度”直接关联，显示人类社会经济政治系统的自我发展通过 Hopf 分叉形成跃迁，具有周期性。将矩阵力学原理运用于当下的疫情分析，可获得新型冠状病毒扩散态势的相关信息。辩证法的量子力学本质有助于运用物理科学力学领域诸多成果定量描述人类社会生活的各方面，实现人文社科与自然科学的统一。

关键词：经济力学；演化方程；价格波函数
中图分类号：F091　F037

一、政治经济学生产函数体系[2]

马克思劳动价值论线性方程 $Q = C + V + M = C + Y$ 、剩余价值论线性方程 $M = p'(C+V)$ 中，剩余价值 $M = p'Cv$ ，$Q = P'Cv$ 是商品所含总价值，$P' = p' + 1$ 是生产率，$Y = V + M$ 是线性生产函数（也即 GDP 增加值），$Cv = C + V$ 是线性生产成本投入，

① 曾尔曼，男，厦门产业技术研究院副院长，厦门大学劳动经济研究中心兼职研究员。
② 曾尔曼，王荖祥. 马克思生产力经济学导引——量子政治经济原理. 厦门：厦门大学出版社，2017.

包括不变资本$C\left(=nK,n\text{: 资本}K\text{的周转率}\right)$与可变资本$V\left(=wL,w\text{: 工资率},L\text{: 劳动力}\right)$，$p'$是利润率，即价格的增长率$p'=\mathrm{d}P/P/\mathrm{d}t$，也可以表达为价格之自然对数对时间的微分（$p'=\mathrm{d}lnP/\mathrm{d}t$），$C/V=g=\beta/\left(1-\beta\right)$是资本有机构成（organic composite of capital），$\beta=C/Cv=g/\left(g+1\right)$是约化资本有机构成（Reduced OCC），是对以不变资本 C 与可变资本 V 构成的全社会的经济基础从而生产关系进而上层建筑的刻画。$1-\beta=1/\left(g+1\right)$表征的是生产迂回度，劳动分工系数定义为$1-\alpha=V/\left(V+C/\gamma\right)$，$\gamma=P'/p'$。经恒等变换，可知两大部类生产有计划按比例属于静态平衡，其本质为投入产出的动态均衡：

$$\frac{C}{Q}=\frac{C}{C+V+M}=\frac{C}{\left(C+V\right)\left(1+p'\right)}=\frac{\beta}{1+p'}=\frac{\beta}{P'}=\frac{\beta-\alpha}{1-\alpha},\frac{V}{Q}=\frac{1-\beta}{P'}$$

$$\beta\equiv\frac{C}{C+V}=\frac{g}{1+g},\alpha\equiv\frac{g/\gamma}{1+g/\gamma},\gamma=\frac{P'}{p'},f\equiv\frac{\mathrm{d}P'}{P'\mathrm{d}t},p\equiv\frac{\mathrm{d}p'}{p'\mathrm{d}t},S\equiv\frac{1-\alpha}{\alpha}$$

$$\frac{C}{Y}=\frac{C}{Q}\frac{Q}{M}\frac{M}{Y}=\frac{\beta}{P'}\gamma\frac{\alpha}{\beta}=\frac{\alpha}{p'}=\frac{Q_{\mathrm{I}}}{Q_{\mathrm{II}}}=\frac{\beta-\alpha}{1-\beta},\frac{V}{Y}=\frac{1-\beta}{\beta p'}\alpha=\frac{w}{y}=1-\frac{\alpha}{\beta}=\frac{\alpha}{\beta m'}$$

$$\frac{C}{M}=\frac{C}{Q}\frac{Q}{M}=\frac{\beta}{P'}\gamma=\frac{\beta}{P'}=\frac{\beta}{\alpha}\frac{\beta-\alpha}{1-\beta}$$

$$\frac{V^{\uparrow}}{M^{\downarrow}}=\frac{V^{\uparrow}}{p^{\uparrow}+T^{\downarrow}}=\frac{1}{{}^{\downarrow}m'}=\frac{\beta^{\downarrow}}{{}^{\downarrow}\alpha}-1$$

$$\dot{C}-\dot{Q}=\dot{\beta}-f=0,\ \dot{C}-\dot{Y}=\dot{\alpha}-p=0\Rightarrow\dot{Q}_{\mathrm{I}}=\dot{C}=\dot{Y}=\dot{Q}_{\mathrm{II}}=\dot{Q}=\dot{\beta}$$

$$\dot{L}^{\uparrow}=\dot{V}-\dot{w}=\dot{d}_{L}-\dot{w}=\alpha\dot{S}-\dot{w}=\alpha\dot{S}^{\uparrow}-\dot{w}_{t}^{\uparrow}-\dot{t}_{0}^{\downarrow}$$

$$\dot{w}=\dot{y}-\dot{g}=\dot{y}+\frac{\alpha}{\beta}\dot{S}$$

增加劳动力供给的有效途径包括提高单位时间工资率w_t下的减少工时t_0，深化分工提高创新度，而可变资本概念中细分到小时工资率$V=Lw=Lw_tt_0$，即与人力资本 H 概念相当。需要将 Cobb-Douglas 指数形式生产函数（Cobb and Douglas，1928）——本质上只含人均资本一个变量$k=K/L$——还原为以政治经济学不变资本 C 与可变资本 V 范畴为因变量，不但解决了生产函数的量纲问题，还能对索洛余值m的内涵也就是置盐定理（置盐信雄，2010）充分明晰，m 作为全要素生产率（total factor productivity，TFP）的增长率暨技术进步率的本质就是生产率的增长率（f）：

$$Y=V+M=V+p'Cv=p'\left(C+\frac{P'}{p'}V\right)\equiv p'\left(C+V'\right)=p'Cv'$$

$$\frac{\mathrm{d}Y}{\mathrm{d}tY}=\frac{\mathrm{d}p'}{p'\mathrm{d}t}+\frac{\mathrm{d}Cv'}{Cv'\mathrm{d}t}=\frac{\mathrm{d}p'}{p'\mathrm{d}t}+\frac{C}{Cv'}\frac{\mathrm{d}C}{C\mathrm{d}t}+\frac{V'}{Cv'}\frac{\mathrm{d}V'}{V'\mathrm{d}t}=p+\alpha\frac{\mathrm{d}C}{C\mathrm{d}t}+\left(1-\alpha\right)\frac{\mathrm{d}V'}{V'\mathrm{d}t},$$

$$V'=\gamma\,wL,\gamma=\frac{P'}{p'}=1+\frac{1}{p'},\alpha\equiv\frac{C}{Cv'}=\frac{g}{g+\gamma}<\beta,1-\alpha=\frac{\gamma}{g+\gamma}>1-\beta$$

$$Y = a_0 e^{pt} C^\alpha V'^{1-\alpha} = a_0 e^{pt} C^\alpha V^{1-\alpha} \gamma^{1-\alpha} = a_0 e^{pt} (nK)^\alpha (\gamma wL)^{1-\alpha},$$
$$Y = AK^\alpha L^{1-\alpha} = A_0 e^{mt} K^\alpha L^{1-\alpha}$$
$$\Rightarrow p = m - \alpha\dot{n} - (1-\alpha)\dot{w}' = m - \alpha\dot{n} - (1-\alpha)(\dot{w} + \dot{\gamma}),$$
$$p = f\gamma, \dot{\gamma} = \dot{P}' - \dot{p}' = f - p$$
$$m = \alpha\dot{n} + (1-\alpha)\dot{w} + \left[1 - (1-\alpha)(1+p')^{-1}\right] p = \alpha\dot{n} + (1-\alpha)\dot{w} + \frac{p'+\alpha}{p'+1} p$$

分工系数d_L与生产迂回度d_R的增长率相同，$(\dot{\gamma}-\dot{g})$则刻画了由于分工深化导致技术进步而体现的创新驱动速率。熊彼特提出的“创新”概念也就可以创新度 S 表征为$S := \gamma / g = P'/(m'\beta) = (1+p')/(m'-p')$。

类似地，微积分变换可得 Cobb-Douglas 指数形式之马克思生产函数体系如下：

$$\text{劳动价值论方程：} Q = C + V + M = C + Y = B_0 e^{ft} C^\beta V^{1-\beta}$$
$$\text{成本函数：} Cv = C + V = c_0 C^\beta V^{1-\beta} = c_0 g^\beta V$$
$$\text{生产函数：} Y = a_0 e^{Ft} C^\alpha V^{1-\alpha} = A_0 e^{mt} K^\alpha L^{1-\alpha}, \frac{Y}{C+V} = \frac{\beta}{\alpha} p' = P' - \beta, \dot{y} = \dot{n} + \dot{k}$$
$$\text{生产率增长率：} f \equiv \frac{dP'}{P'dt} = (1-\beta)\dot{g}$$
$$\text{生产力发展系数：} F \equiv (1-\alpha)\dot{g}$$
$$\text{剩余价值方程：} M = P_{\text{rofit}} + T_{ax} = b_0 e^{pt} C^\beta V^{1-\beta} = b_0 e^{pt} g^\beta V$$
$$\text{利润率增长率：} p \equiv \frac{dp'}{p'dt} = \frac{1-\alpha}{\alpha} \beta\dot{g} = S\beta\dot{g}$$
$$\text{创新度} S \equiv \frac{1-\alpha}{\alpha} = \frac{\gamma}{g}$$
$$\text{剩余价值率：} m' = \frac{M}{V} = b_0 e^{pt} g^\beta$$
$$\text{利润率：} p' = \frac{M}{C+V} = \frac{m'}{1+g} = m'(1-\beta)$$
$$\text{生产力：} \Phi^\uparrow = Qf = YF = Mp = \frac{dM}{dt} = \frac{n^\uparrow K^\uparrow}{\beta^\downarrow} \left(\frac{dp'}{dt}\right)^\uparrow = \frac{n}{1-(1-\beta)^\uparrow} \Phi^0$$
$$\text{分工系数：} d_L \equiv 1-\alpha$$
$$\text{生产迂回度：} d_R \equiv 1-\beta$$
$$\text{创新力：} \Gamma = fY = \frac{dY}{dt} \cong Ym$$

二、经济力学之牛顿物理模型

根据分形时空理论（Nottale，2011），可定义商品价格 P 的自然对数 $\ln P$ 对应于经典的物理量“位移”q，“速度”v 就对应利润率 p'：$p'=\dfrac{\mathrm{d}\ln P}{\mathrm{d}t}=\dfrac{\mathrm{d}P}{P\mathrm{d}t}$，全部预付资本 $Cv=C+V$ 类比质量 m，动量“mv”为剩余价值 $M=p'Cv$，从而生产力 Φ 可以表征为 Mp：

$$\Phi=Cv\frac{\mathrm{d}p'}{\mathrm{d}t}=p'Cv\frac{\mathrm{d}p'}{p'\mathrm{d}t}=Mp=\left(p^2Cv\right)\ln P\Leftrightarrow F=kx\left(v=\omega r\Leftrightarrow p'=p\ln P\right)$$

$$Cv=C+V=\left(n+\frac{V}{K}\right)K=\left(n+1\right)K，\text{当}n=0\text{时},C=nK=0，K=V=Cv,M_0=Kp',$$

$$\Phi=\left(n+1\right)pM_0=\left(n+1\right)\Phi_0;M=C\frac{p'}{\beta}=nK\frac{p'}{\beta}=n\frac{M_0}{\beta}\Rightarrow\Phi=\frac{n}{\beta}\Phi_0$$

解析式 $\Phi=\Phi_0\left(n+1\right)$ 反映出量子化性质，包含分工水平（$1-\alpha$）、劳动生产率 y、劳动者 L 与资本有机构成 g 等要素。Y：生产函数/GDP，F：生产力系数，m：技术进步率（索洛余值），在Cobb-Douglas生产函数条件下：$m=F$，诠释了技术进步作为经济增长的加速度，是经济发展的引擎。最小作用原理可以确定经济系统的价值守恒：$\mathrm{d}Cv/\mathrm{d}t=0$。根据拉格朗日方程，体系的“质量”暨资本投入产出（$Cv=C+V$）守恒。最小作用原理揭示了不变资本 C 的增长率与约化资本有机构成 β 的增长率相当，利润率增长率 p 暨剩余价值 M 增长率与资本产出系数 α 的变化率相当。

考虑到货币发行的金融效应，dlnCv/dt=：I 作为价格因素不总是为零，从而有

$$\dot{Q}=\dot{Y}=\dot{C}=f+I，I:=\dot{C}v=\beta\dot{C}+\left(1-\beta\right)\dot{V}=\dot{M}_{\mathrm{II}}$$

$$\dot{Q}_{\mathrm{I}}=\dot{C}=f+I_{\mathrm{I}}，\dot{Q}_{\mathrm{II}}=\dot{Y}=f+I_{\mathrm{II}}$$

$$\text{金融力}\Theta:=MI=p'\mathrm{d}Cv/\mathrm{d}t$$

如果两部类的货币投放增长率 I_{I} 与 I_{II} 不相等，则导致投入产出失衡。

$$\text{牛顿力学：}S=S_0+Vt=S_0+\omega tS_0=S_0\left(1+2\pi vt\right)=S_0\mathrm{e}^{\omega t},\omega=F/mv$$

$$\text{量子力学：}\frac{\mathrm{d}S}{S\mathrm{d}t}=\omega\Leftrightarrow i\hbar\frac{\partial\psi}{\partial\tau}=H\psi,\tau\equiv it,H=h\omega=hv$$

$$\text{最优增长：}\frac{\partial p'}{\partial g}=0\Rightarrow p'_{\max}=\frac{m'}{1+g}m'\left(1-\beta\right),g=\frac{C}{V}=\frac{\beta}{1-\beta}$$

$$\text{经济稳态：}\dot{Y}=\dot{C}=\dot{Q}=\dot{M}=0=\dot{g}$$

$$\text{均衡增长（内禀）：}\dot{Y}=\dot{C}=\dot{Q}=f+\dot{C}v,\dot{C}v\equiv I,\dot{Y}'=f'+I'=f\dot{f}+I\dot{I}$$

$$\text{新常态：}\dot{Y}'=f\dot{f}+I\dot{I}<0,f\dot{f}>0\Rightarrow\dot{I}<0\left(I>0\right),\dot{f}=\dot{p}-\dot{\gamma}=p-f=f/p'$$

$$\text{置盐定理：}m=\alpha\dot{n}+\left(1-\alpha\right)\dot{w}+\alpha p/\beta$$

$$\text{技术进步贡献率：}\frac{m}{\dot{y}}=1-\alpha\frac{\dot{k}}{\dot{y}}=1-\alpha\frac{\dot{y}-\dot{n}}{\dot{y}}=1-\alpha+\alpha\frac{\dot{n}}{\dot{y}}\cong1-\alpha$$

$$\text{Verdoorn 定理：}\dot{y}=\dot{Y}-\dot{L}=F+\alpha\dot{C}+\left(1-\alpha\right)\dot{V}-\dot{L}=\alpha\left(\dot{Q}-\dot{L}\right)+\left(1-\alpha\right)\dot{w}+F$$

技术进步率/全要素生产率增长率：$Y=A_0\mathrm{e}^{mt}K^{\alpha}L^{1-\alpha}=Y_0\left(1+mt\right)\rightarrow m=\partial Y/Y/\partial t=F$

依 Cobb-Douglas 生产函数，技术进步率 m 为全要素生产率（TFP）的增长率：

$$Y = AK^{\alpha}L^{1-\alpha} = A_0 e^{mt} K^{\alpha} L^{1-\alpha} = a_0 e^{Ft} C^{\alpha} V^{1-\alpha}, F = (1-\alpha)\dot{g} > f = (1-\beta)\dot{g}$$

$$全要素生产率（TFP）：A = Y / \left(K^{\alpha} L^{1-\alpha}\right)$$

$$技术进步率：m = \dot{A} = \dot{y} - \alpha\dot{k}, \alpha \cong \frac{rK}{Y} = \frac{rK}{rK + wL}$$

$$严格的全要素生产率：A = Y \Big/ \left[(nK)^{\beta}(wL)^{1-\beta}\right] = Y / (C + V) = p'\beta / \alpha$$

$$技术创新率：\dot{A}' = \dot{y} - \beta\dot{k} - \beta\dot{n} - (1-\beta)\dot{w} = \dot{Y} - \dot{C}v = f = p / \gamma$$

生产力（剩余价值 M 之增速）$Fp{:}= M(p+I) = \mathrm{d}M / \mathrm{d}t = Q(f+I) = YF = \partial Y / \partial t$，是生产函数 Y 对时间 t 的偏微分，正是流行的说法“利润最大化”的数学物理表达。

创新力可以生产函数 Y 与技术创新率 f 之积表征：$Fi = \mathrm{d}Y / \mathrm{d}t = Y(f+I)$，暨生产函数抑或 GDP 增加值的增速，是生产函数 Y 对时间 t 的微分。

f 与生产迂回度（$1-\beta$）从而利润率 $p'\left[= m'(1-\beta)\right]$ 成正比，体现了（新）工艺的优越性。利润率增长率亦体现了新产品/新企业的出现。C 作为中间投入与（新）市场、新原料紧密关联。

金融力（$F_f = MI$，$I =$：$\mathrm{dln}Cv / \mathrm{d}t = \mathrm{dln}M_{ii} / \mathrm{d}t$）可从生产力的广义内涵得以刻画：$\mathrm{d}M / \mathrm{d}t = Cv\mathrm{d}p' / \mathrm{d}t + p'\mathrm{d}Cv / \mathrm{d}t = Mp + MI$；广义货币 M_{ii} 的增长率（I）与剩余价值（M）之积构成金融力。当广义货币 M_{ii} 的增长率远大于技术进步时：$I >> p > f$，生产力、创新力也就让位于金融力了。

生产力 Mp 与生产关系 β 的合力可理解为领导力或是公权力：$F_L = \beta Mp = \alpha Yp = Cp'p = p^2 C\ln P$，$M = P_{\text{rofit}} + T_{\text{Tax}}$，$p = (4m+1)\pi / (4T) = (2n+1)\pi / (4T) \approx 1 / T$（$T$：周期）；该合力解析表达式反映了经济社会政治系统的市场规模 C/Y、定价权 $\ln P$、税收 P、财政 T、投资 α 以及执政时间周期与利润率增长率近乎反比关系：

$$\dot{F}_L \cong \dot{C} + p - 2 / T \approx f + I - p = I - f / p' > 0$$

$$\Leftrightarrow I > f / p' = p / P'$$

广义生产力与金融力、领导力的差值，体现了劳动分工（F）与迂回生产（$1-\beta$）的双重作用：$\mathrm{d}M / \mathrm{d}t - MI - \beta Mp = V\mathrm{d}p' / \mathrm{d}t = (1-\beta)Mp = (1-\beta)FY > 0$，似可表征（人民群众）创造力。

三、量子谐振子本质

一维线性谐振子可用于近似处理微观体系平衡态附近的小幅振动（曾谨言，2016），其势能与动能相等：

$$f = m_0 a = m_0 \ddot{x} = -kx, k = m_0\omega^2 \Leftrightarrow Cv\omega^2$$

$$E=\frac{1}{2}kX^2=\frac{1}{2}m_0\left(\omega X\right)^2,H=\frac{Mp'}{2}=\frac{Cv}{2}p'^2\Rightarrow$$

$$p'\Leftrightarrow\omega X=\omega\ln P,Cv\Leftrightarrow m_0,\ln P\Leftrightarrow X,\omega=\frac{p'}{\ln P}=\sqrt{\frac{k}{Cv}}$$

$$\ln P=W\sin\omega t,p'=W\omega\cos\omega t$$

$$\Rightarrow \mathrm{tg}\omega t=1,\omega t=\frac{\pi}{4}+N\pi;$$

$$\Phi=Mp=k\ln P\Rightarrow p=\frac{k\ln P}{M}=\frac{\omega^2\ln P}{p'}=\omega=\dot{M}=\dot{Y}+\dot{\alpha}-\dot{\beta}$$

其中，N 为自然数，故而生产力 Φ、价格系数 $\ln P$、技术进步率 m、各类资本（C、V、M）暨其有机构成 g、利润率 p' 及其增速 p、分工系数 d_L 与生产迂回度 d_R 等经济学参数都显示出量子化性质。

生产力（Φ）的发展主要表现为资本周转（n）的增加与生产迂回度（d_R）提高，从而可以减少资本投入（C），避免利润率下降。换句话说，资本周转加速可以弥补资金投入不足与产业利润率低下。生产力的增长率与利润率增长率一致，只要生产力发展/技术不断进步创新，利润率就不会趋于下降；只是利润率的增长率 p 趋于下降。

实际上，货币投放增加的经济体系，可类比于一维量子阻尼谐振子：

$$\ddot{x}+I\dot{x}+\omega_0^2x=0,x\Leftrightarrow p',I=\mathrm{d}Cv/Cv/\mathrm{d}t,Cv\Leftrightarrow m,\omega\Leftrightarrow p,mv(=p)\Leftrightarrow M=m'Lw$$

体系存在随时演化，形成压缩态，产生量子涨落（贫富差距/阶层分化）：

$$\left(\Delta\hat{x}\right)_t^2=\left(n+\frac{1}{2}\right)\frac{\hbar}{m\omega'}\mathrm{e}^{-It};\left(\Delta\hat{p}\right)_t^2=\left(n+\frac{1}{2}\right)\frac{\hbar m\omega_0^2}{\omega'}\mathrm{e}^{-It},\omega'=\sqrt{\omega_0^2-I^2/4}\geqslant 0$$

$$I/2\leqslant\omega_0=p=\gamma\left(\dot{Y}-I\right)\Leftrightarrow I\leqslant\dot{Y}2\gamma/\left(2\gamma+1\right)<\dot{Y}$$

$$\dot{Y}=f+I=p'I+I=P'I>I$$

经济危机本质是金融危机，货币投放超过价值生产，导致产品过剩、企业倒闭、市场被动出清。更复杂的宏观情形，可类比变质量一维含时阻尼量子谐振子。

四、量子场论原理

根据构建之马克思价值论方程函数体系，得到各投入产出关系如下：

$$\frac{C}{Q}=\frac{C}{C+V+M}=\frac{C}{(C+V)(1+p')}=\frac{\beta}{1+p'}=\frac{\beta}{P'}$$

$$\frac{C}{Y}=\frac{C}{Q}\frac{Q}{M}\frac{M}{Y}=\frac{\beta}{P'}\gamma\frac{\alpha}{\beta}=\frac{\alpha}{p'},\frac{C}{M}=\frac{C}{Q}\frac{Q}{M}=\frac{\beta}{P'}\gamma=\frac{\beta}{p'}$$

$$\dot{C}-\dot{Q}=\dot{\beta}-f=0，\dot{C}-\dot{Y}=\dot{\alpha}-p=0：\dot{Q}_I=\dot{C}=\dot{Y}=\dot{Q}_{II}=\dot{Q}$$

也就是说，对马克思两大部类生产体系而言，因为 Leontief 中间投入矩阵非负，根据 Perron-Frobenius 定理（Seneta，1973）存在正的本征值 λ，$\ln P_i$ 为价格本征矢：

$$C_1+V_1+M_1=C_1+Y_1=Q_1=C_1+C_2=C,\left(Y_1=C_2:\mathrm{SimpleReproduction}\right)$$

$$C_2+V_2+M_2=C_2+Y_2=Q_2=Y_1+Y_2=Y;\ \ Q_1+Q_2=Q$$

$$p_1C'_1+p_2Y'_1=p_1Q'_1$$

$$p_1C'_2+p_2Y'_2=p_2Q'_2$$

$$\begin{pmatrix}\dfrac{C'_1}{Q'_1} & \dfrac{Y'_1}{Q'_1}\\ \dfrac{C'_2}{Q'_2} & \dfrac{Y'_2}{Q'_2}\end{pmatrix}\begin{pmatrix}p_1\\p_2\end{pmatrix}=\begin{pmatrix}\dfrac{\beta_1-\alpha_1}{1-\alpha_1} & \dfrac{1-\beta_1}{1-\alpha_1}\\ \dfrac{\beta_2-\alpha_2}{1-\alpha_2} & \dfrac{1-\beta_2}{1-\alpha_2}\end{pmatrix}\begin{pmatrix}p_1\\p_2\end{pmatrix}=\begin{pmatrix}p_1\\p_2\end{pmatrix},p_i\equiv\frac{1}{\ln P_i}$$

$$\frac{C'_1}{Q'_1}+\frac{C'_2}{Q'_2}=1=\frac{Y'_1}{Q'_1}+\frac{Y'_2}{Q'_2}\Rightarrow\frac{Y'_1}{Q'_1}=\frac{C'_2}{Q'_2}(\text{静态简单再生产})\text{or}\frac{C'_1}{C'_2}=\frac{Y'_2}{Y'_1}$$

由矩阵的双重随机性（Khrennikov，2010）可知，简单再生产条件下的两部类投入产出系数比例关系。

由量子力学的态叠加原理可知，宏观社会体系的经济基础是交易各种微观商品的市场，可类比于无自旋的实标量场，其总体价格水平/波函数是各类商品自身价格的线性组合，类似于“二次量子化”（宁西京，2012）；由中间投入产出矩阵可得价格的本征基矢，经济系统的投入产出本征方程为

$$\frac{C}{Q}=\frac{\beta}{P'}\to\left|\sum_j\frac{C'_{ij}}{\ln P_j}\right|=\frac{\beta}{P'}\left|\frac{Q'_i}{\ln P_i}\right|=\lambda\left|\frac{Q'_i}{\ln P_i}\right|\Leftrightarrow\sum_j\left|\frac{C'_{ij}}{Q'_i}\right|\left|\frac{1}{\ln P_j}\right|=\frac{\beta-\alpha}{1-\alpha}\left|\frac{1}{\ln P_i}\right|=\lambda\left|\frac{1}{\ln P_i}\right|$$

$$\sum_j\frac{C'_{ij}}{C'_i}\left(\frac{C'_i}{Q'_i}\right)\left|\frac{1}{\ln P_j}\right|=\frac{\beta}{P}\left(\frac{1}{\ln P_i}\right)\Leftrightarrow\sum_j\left|\frac{C'_{ij}}{C'_i}\right|\left|\frac{1}{\ln P_j}\right|=\left|\frac{1}{\ln P_i}\right|\left(C'_i=\sum_j C'_{ij}\right):\text{EigenPrice}$$

$$\frac{C}{Y}=\frac{\alpha}{p'}\to\left|\sum_j\frac{C'_{ij}}{\ln P_j}\right|=\frac{\alpha}{p'}\left|\frac{Q'_i-\sum_j C'_{ij}}{\ln P_i}\right|=\frac{\beta-\alpha}{1-\beta}\left|\frac{V'_i+M'_i}{\ln P_i}\right|=\xi\left|\frac{Y'_i}{\ln P_i}\right|$$

$$\sum_j\left|\frac{C'_{ij}}{Y'_i}\right|\left|\frac{1}{\ln P_j}\right|=\frac{\alpha}{p'}\left|\frac{1}{\ln P_i}\right|=\frac{\beta-\alpha}{1-\beta}\left|\frac{1}{\ln P_i}\right|$$

其中，C'_{ij}/C'_i 是 Leontief 中间投入系数矩阵，类似地：

$$\frac{C}{M}=\frac{\beta}{p'}\to\left|\sum_j\frac{C'_{ij}}{\ln P_j}\right|=\frac{\beta}{p'}\left|\frac{M'_i}{\ln P_i}\right|\Leftrightarrow\sum_j\left|\frac{C'_{ij}}{M'_i}\right|\left|\frac{1}{\ln P_j}\right|=\frac{\beta(\beta-\alpha)}{\alpha(1-\beta)}\left|\frac{1}{P_i}\right|=\mu\left|\frac{1}{P_i}\right|$$

$$\frac{C}{V}=g=\frac{\beta}{1-\beta}\to\left|\sum_j\frac{C'_{ij}}{P_j}\right|=\frac{\beta}{1-\beta}\left|\frac{V'_i}{\ln P_i}\right|\Leftrightarrow\sum_j\left|\frac{C'_{ij}}{V'_i}\right|\left|\frac{1}{\ln P_j}\right|=\upsilon\left|\frac{1}{\ln P_i}\right|$$

$$\text{or}\frac{C}{C+V}=\frac{C}{Q-M}=\beta,\sum_j\left|\frac{C'_{ij}}{Q'_i-M'_i}\right|\left|\frac{1}{\ln P_j}\right|=\beta\left|\frac{1}{\ln P_i}\right|$$

中间投入 C 与总产出 Q 的本征方程的本征值 $\left[\beta/P'=(\beta-\alpha)/(1-\alpha)\right]$ 说明了经济体系存在统一的约化资本有机构成（reduced organic composite of capital，ROCC）与利润率 $p'(P'=p'+1)$ 的比值，而非“统一的利润率（王璐和柳欣，2006）”；投入 C 与剩余价值 M 的本征方程的本征值（β/p'）是 ROCC 与利润率 p' 的比值；中间投入 C 与最终

使用 Y 的本征方程的本征值（α/p'）是资本产出系数 α 与利润率 p' 的比值，而马克思在《资本论》中提出的"统一的平均利润率"应是经济系统内在固有的利润率 p'，反映为全社会分工水平/劳动迂回度，解析式为 $p'=\alpha(1-\beta)/(\beta-\alpha)$。

从量子谐振子模型得到粒子数态表象的湮没算符 a、产生算符 a^{+} 分别为

$$a=\sqrt{\frac{m\omega}{2\hbar}}\left(\hat{x}+\frac{i}{m\omega}\hat{p}\right)\Leftrightarrow\sqrt{\frac{N}{2}}(1+i)$$

$$a^{+}=\sqrt{\frac{m\omega}{2\hbar}}\left(\hat{x}-\frac{i}{m\omega}\hat{p}\right)=\sqrt{\frac{N}{2}}(1-i)$$

其中，作为湮没算符本征态——相干态 $|\alpha\rangle$ 的波函数为

$$|\alpha\rangle=\exp\left(-\frac{1}{2}|\alpha|^{2}\right)\begin{pmatrix}1\\ \alpha\\ \vdots\\ \frac{\alpha^{n}}{\sqrt{n!}}\end{pmatrix}$$

经济系统依 Winternitz（1948）三元产业体系粗略划分为工业品的生产 C（生产资料生产）、农产品的生产 V（生活资料生产）、资本品的生产（金融信息服务）M:

$$\ln P_1C_1+\ln P_2V_1+\ln P_3M_1=\ln P_1Q_1=\ln P_1C=\ln P_1(C_1+C_2+C_3)$$

$$\ln P_1C_2+\ln P_2V_2+\ln P_3M_2=\ln P_2Q_2=\ln P_2V=\ln P_2(V_1+V_2+V_3)$$

$$\ln P_1C_3+\ln P_2V_3+\ln P_3M_3=\ln P_3Q_3=\ln P_3M=\ln P_3(M_1+M_2+M_3)$$

$$\begin{pmatrix}C_1&V_1&M_1\\C_2&V_2&M_2\\C_3&V_3&M_3\end{pmatrix}\begin{pmatrix}\ln P_1\\ \ln P_2\\ \ln P_3\end{pmatrix}=\begin{pmatrix}Q_1&0&0\\0&Q_2&0\\0&0&Q_3\end{pmatrix}\begin{pmatrix}\ln P_1\\ \ln P_2\\ \ln P_3\end{pmatrix}$$

$$\text{or } C_1+V_2+M_3=Q_1+Q_2+Q_3=Q\Rightarrow C_1/C=V_2/V$$

$$\begin{pmatrix}\frac{C_1}{M_1}&\frac{V_1}{M_1}&1\\ \frac{C_2}{M_2}&\frac{V_2}{M_2}&1\\ \frac{C_3}{M_3}&\frac{V_3}{M_3}&1\end{pmatrix}\begin{pmatrix}\ln P_1\\ \ln P_2\\ \ln P_3\end{pmatrix}=\begin{pmatrix}\gamma_1&0&0\\0&\gamma_2&0\\0&0&\gamma_3\end{pmatrix}\begin{pmatrix}\ln P_1\\ \ln P_2\\ \ln P_3\end{pmatrix}=\lambda_\gamma\begin{pmatrix}\ln P_1\\ \ln P_2\\ \ln P_3\end{pmatrix},\gamma=\frac{Q}{M}=1+\frac{1}{p'}\text{or}$$

$$\begin{pmatrix}g_1&1&m'_1\\g_2&1&m'_2\\g_3&1&m'_3\end{pmatrix}\begin{pmatrix}\ln P_1\\ \ln P_2\\ \ln P_3\end{pmatrix}=\begin{pmatrix}\frac{Q_1}{V_1}&0&0\\0&\frac{Q_2}{V_2}&0\\0&0&\frac{Q_3}{V_3}\end{pmatrix}\begin{pmatrix}\ln P_1\\ \ln P_2\\ \ln P_3\end{pmatrix}=\lambda_{\frac{Q}{V}}\begin{pmatrix}\ln P_1\\ \ln P_2\\ \ln P_3\end{pmatrix},\frac{Q}{V}=g+1+m'=\frac{1+p'}{1-\beta}$$

$$\begin{pmatrix} \frac{C'_1}{Q'_1} & \frac{V'_1}{Q'_1} & \frac{M'_1}{Q'_1} \\ \frac{C'_2}{Q'_2} & \frac{V'_2}{Q'_2} & \frac{M'_2}{Q'_2} \\ \frac{C'_3}{Q'_3} & \frac{V'_3}{Q'_3} & \frac{M'_3}{Q'_3} \end{pmatrix}\begin{pmatrix} p_1 \\ p_2 \\ p_3 \end{pmatrix} = \begin{pmatrix} 1 & 0 & 0 \\ 0 & 1 & 0 \\ 0 & 0 & 1 \end{pmatrix}\begin{pmatrix} p_1 \\ p_2 \\ p_3 \end{pmatrix} = \lambda\begin{pmatrix} p_1 \\ p_2 \\ p_3 \end{pmatrix}, p_i \equiv \frac{1}{\ln P_i}$$

经济系统的内禀利润率 p' 与生产关系标度 β 经由线性劳动价值论方程不同的特征值给出，从而可知劳动分工水平 $(1-\alpha)=\gamma/(g+\gamma)$；其演化方程经约化为生产关系标度 β、劳动分工系数 $(1-\alpha)$ 与生产力/剩余价值 M 的随时常微分线性方程组：

$$\begin{cases} \frac{\mathrm{d}C}{\mathrm{d}t} = C(f+I) = \frac{\mathrm{d}(\beta Cv)}{\mathrm{d}t} = Cv\frac{\mathrm{d}\beta}{\mathrm{d}t} + \beta\frac{\mathrm{d}Cv}{\mathrm{d}t} \Leftrightarrow \frac{\mathrm{d}\beta}{\mathrm{d}t} = \beta f = \frac{\beta f}{p'Cv}M = \frac{p}{Cv}\frac{\beta-\alpha}{1-\alpha}M \\ \frac{\mathrm{d}V}{\mathrm{d}t} = V(I-\beta\dot{g}) = \frac{\mathrm{d}\left[(1-\alpha)\left(V+\frac{C}{\gamma}\right)\right]}{\mathrm{d}t} = C'v\frac{\mathrm{d}(1-\alpha)}{\mathrm{d}t} + (1-\alpha)\frac{\mathrm{d}C'v}{\mathrm{d}t} \Leftrightarrow \frac{\mathrm{d}(1-\alpha)}{\mathrm{d}t} = -\beta\dot{g}(1-\alpha) \\ \frac{\mathrm{d}M}{\mathrm{d}t} = M(p+I) = \frac{Q}{\gamma}\left[\gamma(1-\beta)\dot{g}+I\right] = Q(\dot{g}+I/\gamma) - \beta\dot{g}Q \end{cases}$$

$$\begin{vmatrix} 0-\lambda & 0 & \frac{p}{Cv}\frac{\beta-\alpha}{1-\alpha} \\ 0 & \dot{V}-I-\lambda & 0 \\ -\dot{g}Q & 0 & 0-\lambda \end{vmatrix} = (\dot{V}-I-\lambda)\left(\lambda^2 + \dot{g}Q\frac{p}{Cv}\frac{\beta-\alpha}{1-\alpha}\right) = (\dot{V}-I-\lambda)(\lambda^2 + p^2/S)$$

$$\lambda_1 = \dot{V} - I(<0:\text{稳定解}); \lambda_{3,4} = \pm i\frac{p}{\sqrt{S}}$$

$$C'v = V + \frac{C}{\gamma}, p = S\beta\dot{g}, S = \frac{1-\alpha}{\alpha} = \frac{\gamma}{g}, \beta\dot{g} + \dot{V} = I, \frac{\beta-\alpha}{1-\alpha} = 1 - \frac{1-\beta_0}{1-\alpha_0}$$

其特征根含虚数对，显示 Hopf 分叉（马天和汪守宏，2007），产生周期轨道，且结果与创新度 S 直接关联；同时可见金融力的作用，积极的货币政策有助于经济社会的稳定发展。另外，人力资本深化方程 dV/dt 与生产函数增速方程 dY/dt 的解析表达一致，均是关于劳动分工的演化 $\mathrm{d}(1-a)\alpha/\mathrm{d}t$。

生产函数（Y）之薛定谔方程显示了宏观经济系统的微观量子本质：

$$f = p/\gamma = \omega/\gamma =: \varpi$$

$$\frac{\mathrm{d}Y}{\mathrm{d}t} = fY = \frac{p}{\gamma}Y = \frac{\omega}{\gamma}Y \equiv \varpi Y = \frac{i\mathrm{d}Y}{\mathrm{d}\tau}, \tau \equiv it, p = \omega_0\left(n+\frac{1}{2}\right)$$

$$i\hbar\frac{\mathrm{d}Y}{\mathrm{d}\tau} = \hbar\varpi Y, \hbar\varpi = E \Rightarrow i\hbar\frac{\partial\Psi_Y}{\partial\tau} = H\Psi_Y = E\Psi_Y$$

$$E = N\hbar p = N\hbar\omega_0\left(n+\frac{1}{2}\right) = Mp' = p'^2Cv$$
$$\Rightarrow p' = p_0'\sqrt{2n+1} = p_0'\mathrm{e}^{pt}$$
$$\Rightarrow \mathrm{e}^{pt} = \sqrt{2n+1}$$
$$Y = Y_0\mathrm{e}^{pt/\gamma} = Y_0\left(\sqrt{2n+1}\right)^{1/\gamma} \cong Y_0\left(n'\right)^{1/\gamma}$$
$$\dot{Y} \cong \frac{1/\gamma}{n'} \approx \frac{p'}{n'}, n' = n+2, n+4, n+6\cdots$$

生产函数的增长率 $\mathrm{d}\ln Y/\mathrm{d}t$ 暨技术创新率 f 与当年的利润率 p' 成正比，并显示与一定的量子化层级（$n'>0$，为自然数）相关。对部分经济合作与发展组织（Organization for Economic Co-operation and Development，OECD）国家 2000~2010 年的测算（曾尔曼和王荄祥，2017）显示：美国的 GDP 年增长率为 4.1%，年利润率在 31%~36%，$n'=8$；同期，德国的 GDP 年增长率为 2%，年利润率在 24%~28%，$n'=13$；瑞典的 GDP 年增长率为 3.9%，年利润率在 21%~22%，$n'=5$；挪威的 GDP 年增长率为 6.2%，年利润率在 32%~42%，$n'=6$；法国的 GDP 年增长率为 3.1%，年利润率在 25%~26%，$n'=8$。近年中国的 GDP 增长率为 6.5%左右，根据国家统计局的投入产出表数据计算的年利润率在 13%左右，可得 $n'=2$；而在 GDP 增长率平均为 9%左右的年份，测算的年利润率达到 18%。依联合国标准，国民收入按食品支出所占比例分为五个层级：贫穷（>59%）、温饱（50%~59%）、小康（40%~49%）、富裕（30%~39%）、较富裕（<30%）；正说明了中国已进入“奔小康”的“新时代”。无独有偶，国际知名的 TRIZ（发明问题解决理论）将全部发明专利的创新度分为五个等级。

五、“疫情”扩散动力学

据世界卫生组织[①]2020 年 3 月 10 日到 5 月 1 日各国确诊病例统计，超过 6 000 人的 49 个国家总计人口超过 312 万人，占全部人数比例超过 98%；死亡病例超过 150 人的 26 个国家总计人口超过 19 万人，占全部人数比例超过 97%。以海森伯矩阵力学原理（曾谨言，2013）$i\hbar\frac{\partial a_j}{\partial t} = \sum_k H_{jk}a_k, H_{jk} = \left(\varphi_j, \hat{H}\varphi_k\right)$，对疫情数据回归分析，主要结果如表 1 所示。

表 1　“疫情”动力学分析

确诊病例数量增长时间			死亡病例数量减少时间		
天	月	年	天	月	年
977	32.57	2.68	−1 555	−51.82	−4.26
−4	−0.13	−0.01	−54	−1.80	−0.15

① www.who.int。

由表1可知，疫情还有超过30个月的活跃期，而死亡病例数量将逐步下降，但持续时间将长达 50 个月。类似的，来自哈佛大学公共卫生学院的研究成果，提到新型冠状病毒流行的总体时间可能持续到2022年。

六、结　　语

牛顿力学以李群变换经 Wick 旋转可表示为量子力学薛定谔波动方程，借助分形理论，将政治经济学范畴与经典物理世界采取若干类比，则可以运用牛顿力学、统计力学、量子力学等领域的相关原理来定量诠释经济学、金融学、政治学、社会学、历史学等，进而自然界之数学物理定律（3+1 维）将可以运用于定量描述人类社会（1+1 维）系统，达到人文学科、社会科学与自然科学的统一。

参考文献

马天，汪守宏. 2007. 非线性演化方程的稳定性与分歧. 北京：科学出版社.

宁西京. 2012. 量子力学衍义. 北京：科学出版社.

王璐，柳欣. 2006. 马克思经济学与古典一般均衡理论. 北京：人民出版社.

置盐信雄. 2010. 技术变革与利润率. 骆桢，李怡乐译. 教学与研究，（7）：48-56.

曾尔曼，王苳祥. 2017. 马克思生产力经济学导引——量子政治经济原理. 厦门：厦门大学出版社.

曾谨言. 2013. 量子力学. 5 版. 北京：科学出版社.

曾谨言. 2016. 量子力学. 6 版. 北京：科学出版社.

Cobb C W，Douglas P H. 1928. A theory of production. American Economic Review，18：139-165.

Khrennikov A. 2010. Ubiquitous Quantum Structure—from Psychology to Finance. New York：Spring.

Nottale L. 2011. Scale Relativity and Fractal Space-Time：A New Approach to Unifying Relativity and Quantum Mechanics. London：Imperial College Press.

Seneta E. 1973. Non-Negative Matrices – An Introduction to Theory and Applications. London：George Allen and Unwin.

Winternitz J. 1948. Values and prices：a solution to the so-called transformation problem. Economic. Journal，58：276-280.

无形资产与金融化：一个凡勃伦式的理解

赵露薇[①]

摘　要：无形资产研究在当代主要是一个会计学问题，然而制度主义者奠基人凡勃伦曾对它展开了深入分析。笔者认为，面对当前的金融化浪潮下有必要重新用凡勃伦的无形资产理论审视这一现象，从而加深理解。凡勃伦认为无形资产的价值来源是企业的差别优势，是收益权的资本化，它的发展和膨胀促进了金融部门的扩张。本文将无形资产分为可辨认和不可辨认两类，从两个角度解释了凡勃伦的观点；并用凡勃伦累积因果的思想解释了无形资产的起源以及在资本主义不同阶段的具体情况；在金融化趋势下，无形资产与金融化相互影响走向共生。文章最后对无形资产的起源、发展和变异做出了总结，认为在累积因果的作用下它与金融化将持续地相互作用。

关键词：无形资产；金融化；凡勃伦

中图分类号：F093/097

一、引　言

无形资产在当代的经济生活中主要是一个会计学的概念，是指一种可辨认的、没有实物形态的非货币资产（The IFRS Foundation，2019）。这种认识是经历了经济过程的连续变迁并随着人们对它的理解不断地深入形成的。金融化是当前学界的热点问题之一，但似乎鲜有人将它与无形资产联系在一起。

会计学是源于簿记工作的一个年轻的经济学分支。会计学和经济学之间的关系是密切的，经济学中关于资本、利润等相关概念无疑对会计学产生了巨大的影响，同时经济学家对会计师报告的依赖也与日俱增（坎宁，2014）。无形资产是经济生活中形成的概念，起源于中世纪，在 19 世纪末美国的合并浪潮后开始引起了学界的注意，成为当时许多著名经济学家的研究主题之一。这些研究显然影响了现实中人们对它的看法，政府和相关机构在经过审慎考量后出台了一系列法规对这一资产的概念、会计方法进行了规范，进而形成了今天我们所理解的无形资产。凡勃伦曾深入地探讨过经济生活中的无形资产问题，并借此批判了当时美国轰轰烈烈的合并运动和证券化浪潮。当今世界的金融化浪潮方兴未艾，笔者认为，要深入理解这个现象，就有必要回顾前人对无形资产的理

① 赵露薇，女，云南大学经济学院博士生，研究方向：经济思想史非正统经济学。

解，一方面让人重新审视它与信用扩张的联系，另一方面也能为研究金融化问题提供新的角度。重新回顾凡勃伦的无形资产理论将有助于更深入地理解这一现象。

二、凡勃伦的无形资产理论简述

凡勃伦的理论框架与马克思唯物辩证法非常类似。他认为经济学研究的社会供应过程（social provisioning process）有赖于技术的发展，且这种发展是达尔文式的。具体来说有两个要素，一是累积因果原则，即变化的过程就是一个因果机制的累积；二是渐变、盲目的发展，“没有趋势，没有最终状况，没有完美状态。它只受到本源的因果关系这种背后的力的控制”（凡勃伦，2008）。社会供应过程呈现的这种达尔文式的特点构成了一条无限连续的链条，而制度正是这一动态过程的精华，因此凡勃伦主张在研究社会供应过程时，把制度作为最基本的研究单位。他认为制度是“一种流行的精神态度或一种流行的生活理论”（凡勃伦，2016），这个定义既包含了正式的制度（即法律），也包含了非正式的制度（即习俗、习惯、思维方式等）。对技术的研究应当综合考虑上述因素，即将技术嵌入具体制度中（Veblen，1908a）。

在资本主义体系下技术的使用有赖于所有权的具体情况。凡勃伦将技术理解为“社会技术知识股份”（The community’s joint stock of technological knowledge），是“生活方式和手段上的信息和熟练程度”（Veblen，1908a）。社会技术知识股份是由整个社会创造、拥有和维持的，是社会供应过程的基础，但在资本主义制度下所有权被置于首位，社会技术知识股份的所有者才有资格拥有并使用它——也就是说：谁是社会技术知识股份的所有者，谁就有能力控制社会成员与物质世界之间的关系，有能力控制不同社会成员之间的关系（Baranes，2020）。

凡勃伦也探讨了资产的概念，认为它属于现代商业社会下的金钱的范畴，是对未来收益能力的资本化；资本的价值取决于预期未来收益的折现。他将资产具体分为两种——有形资产和无形资产。物质性是有形资产的主要特征，主要包括工业设备。工业设备可以生产具体的物质材料，具有“技术/工业的服务能力”（technological or industrial serviceability），虽然说有形资产的收益或多或少与这种服务能力相关，但只有当它能产生收益时才能称为有形资产。同样地，构成财富客体的非物质性是无形资产的特征，它同样能够产生收益，但“涉及的事实不具有技术或工业性质”（Veblen，1908b）。这就产生了一个疑问，无形资产的具体收益来源是什么？

Veblen（1908b）先是讨论了投资（继而产生的资本化）对有形资产的使用和可服务性的影响。他指出，主流经济学家们认为资本投资产生的收益取决于资本投资后可使用的工业资源的生产率，因此粗略地认为投资收益与生产率以及对社会的物质服务能力、生活改善程度和消费需求等之间存在某种比例关系。但是，他认为这种观点是没有根据的。经过观察后他总结道：投资有形资产产生的收益似乎是由于或多或少广泛地攫取了共同体的工业效率。这是因为社会生产能力的总和虽大体可看作资产收益的来源，由于资产在经济上是服务于所有者而非整个社会的，因此它的管理者相比全社会的利益更加看重单个资产的差别优势。为了追求这种优势，所有者和管理者往往会采取一系列特殊手段，如限制或垄断某一特定商品或服务的供应，通过合并排除竞争对手形成一个利润最大化的联盟。这些手段总体都是阻止商业对手充分发挥生产效率的阻碍性策略，虽然能维持差别优势，但将对整个社会构成不利。当这种策略制度化后，就成为企业维持差别优势的既定条件，它的资本化即无形资产。企业为了保持差别优势牺牲了资本品的服务能力（wasteful or disserviceable uses of capital goods），但却是这种“牺牲”却产生了收益。这里我们可以发现，技术/工业的服务能力是资产收益的来源，有形资产的收益来源于使用这种能力，无形资产的收益却来源于阻碍这种能力。凡勃伦虽然声称反对主流经济学关于生产率和收益的观点，却从另外一个角度支持了它。无形资产是收益权的资本化，而这种收益来源于企业的差别优势（凡勃伦，2012）。从本质上来看，差别优势就是资本主义下的特权，它在所有权的掩护下被包装成无形资产，它的所有者不需要从事具体的生产就可以获取利益。

三、无形资产的性质和收益来源

根据凡勃伦的分析，我们发现无形资产的本质是一种特权，它的价值来源于商业竞争中的差别优势，但对它的理解仅停留在这个层次是不够的。凡勃伦的制度主义哲学在主张事物发展的累积因果时还强调了一种“重构向下因果”（re-constitutive downward causality）的力量。也就是说，事物的演进会不断从较低层级的要素中“涌现”出较高层级的要素，而较高层级的要素反过来可以限制甚至改变较低层级的行为。无形资产是技术发展到一定阶段，受所有权观念影响产生的，外部环境的演化特别是资本主义制度的发展会促使它不断地发展壮大，进而影响到现有的经济结构和制度设置，并且这种演化是没有尽头的。在这种逻辑下，如果要理解无形资产，我们不仅要考察它现在的性质，还要从它的起源以及经济各个不同阶段的发展变异情况展开连续的考察。只有这样我们才能对它有一个连贯的、立体的理解，才能更深刻地理解它是如何影响当前的社会供应过程的。

本节根据会计学分类，将无形资产分为可辨认无形资产（identifiable intangible assets）和不可辨认无形资产（unidentifiable intangible assets）（汤湘希，2009）。笔者将从这两个基本分类入手，探讨它们的起源以及发展，并解释为何无形资产阻碍了技术/工业的服务能力。

（一）可辨认无形资产

可辨认无形资产主要指可以脱离企业个体单独存在的无形资产，如专利权、商标权、著作权、土地使用权等。对知识产权的保护至少可以追溯到古希腊时期，人类社会第一个已知的发明专利是在 1421 年由佛罗伦萨授予的。之后威尼斯在 1474 年颁布了《威尼斯专利法》（Venetian Patent Statute），并在前言中明确授予专利的目的在于

"提高发明者的荣誉"，是"达到目的的手段"。它第一次以法律的形式规定了专利的保护时限以及可转让性，从而保护了创新者的利益。与现代专利制度不同的是，它的目的是表彰发明者，而不是像现代专利制度那样，通过确定一种排他性的专有权以确保发明者的收益（Choudhary，2006）。这种制度设置具有两点重要意义：首先，由国家而非社会团体来保护和激励创新及其传播；其次，它强调个体而非群体参与知识的创造过程，因此必须保护个体的知识产权。这种对知识创造主权的理解影响了后来的法律，构成了今天专利标准的基础（Baranes，2020）。

正如前文分析的，技术具有公有的性质，社会技术知识股份本身就是社会生产活动的产物。可辨认无形资产的作用是将社会锁定在它的知识储备之外，只允许所有者享有知识带来的种种好处。这意味着这种无形资产提供了一种差别优势——它在没有提高生产率的情况下给所有者带来享受超额利润的权利（Baranes，2020）。

（二）不可辨认无形资产

不可辨认无形资产指无特定证据可以辨认，通常由若干经济因素综合而成，不能脱离企业个体而单独被确认的资产，商誉是不可辨认无形资产的最主要的表现形式（汤湘希，2009）。对商誉的处理一直以来都困扰着经济学家和会计师们（Courtis，1983）。商业上最早关于商誉的记录出现于16世纪，并在1895年被英国首次以法律的形式规范下来。商誉在19世纪末的美国企业合并运动中扮演了重要的角色，并展开了旷日持久的讨论。目前国内外对商誉的共识是，认为它是企业获得超额收益能力的价值表示。商誉是企业拥有的各种未入账的经济资源或优势所带来的超额获利能力的价值体现。这些资源和优势包括优秀的管理团队、特有的销售网络、品牌溢价、实力雄厚产生的信用背书、与其他公司或政府的良好关系等（汤湘希，2009）。

商誉的测度一直以来都是一个难题。根据会计学的观点，内部产生的商誉由于很难鉴别它的价值，故在具体操作上不被确认为资产。因此，唯一可以衡量的商誉形式是在并购过程中获得的商誉。当一家公司收购另一家公司时，如果该公司支付的价格高于收购标的账面价值时，这个差额将确认为商誉（The IFRS Foundation，2019）。

根据以上理解可以发现，商誉是一种基于影响不同社会成员之间关系的能力的差别优势。商誉的价值是超额获利能力的资本化价值（Hendriksen，1982）。这种制度设置使人们将企业产生超额收益的诸多因素都归结于商誉。它就像一个"黑匣子"，无论事物的本质是什么都往里面放，导致商誉的因素越来越复杂、概念越来越模糊（汤湘希，2009）。

总之，无论是作为知识产权的可辨认资产，还是作为商誉的不可辨认资产。无形资产都代表一种差别优势，使资产所有者能够更好地开展企业经营，并有赚取超额利润的预期。这种差别优势源于社会供应过程中的具体制度设置，既包括法律的，也包括会计的。这种制度设置不仅控制了个人与物质世界之间的关系，也控制了人与人之间的关系，并赋予了个人使用社会技术知识股份的权利。下一节我们将在此基础上根据凡勃伦传统，分别讨论企业的不同发展阶段，差别优势是如何产生并演化的，进而探讨金融化在企业转型中所起的作用。

四、无形资产在经济不同阶段的发展情况

注重对企业的研究是凡勃伦制度主义在研究资本主义制度时的一项传统。凡勃伦认为，在资本主义体系下企业是最重要的制度力量。“现代文明的物质基础是工业体系，而使它活跃起来的主导力量是企业……现代经济组织就是‘资本主义体系’或‘现代工业体系’。它的特征，同时也就是凭以支配现代文化的力量，是机械操作和目的在于获取利润的投资”（凡勃伦，2012）。“现代经济情况的理论，必然根本就是一个企业经营及其动机、目的、方法和效果的理论”（凡勃伦，2012）。在资本主义的发展进程中，企业的主要组织形式也在不断改变，主要经历了手工业工厂、大型工业公司和现代金融化股份公司三个阶段。在前两种形态下，凡勃伦认为资本主义经济仍处于货币经济阶段，而当到第三种形态时，资本主义经济进入信用经济阶段。货币经济的特点是由商品市场占据主导；信用经济则是由资本市场占据主导。这次转变发生在 19 世纪 70 年代后，资本市场在美国逐渐成为一股重要力量，货币经济逐渐被信用经济取代（凡勃伦，2012）。本部分将探讨无形资产在货币经济和信用经济的具体表现形式，从货币经济过渡到信用经济发生的变异，以及其对资本主义制度的影响。

（一）货币经济

早期的工业生产形式是手工业，企业主要的组织形式是作坊和工厂。这个阶段谁拥有了社会技术知识股份的所有权，谁就能成为生产者。这个阶段的生产者主要是工厂所有者，他们运营工厂产生的收入来源于对社会技术知识股份的使用。这就是 Heller 和 Eisenberg（1998）、Baranes（2020）的“凡勃伦式剥削”（Veblenian exploitation）——企业所有者的收入不仅因为产出了有用的产品，还因为他们成功地把社会技术知识股份用于私人用途，同时把公众排除在外。在这种制度下，技术的封锁程度已经远远不如行会时期那般严密，这就造成了技术以相当快的速度传播与迭代，其结果是社会总体生产率的提高，这就给维持产品价格和企业利润造成威胁。

资本主义早期，由于生产力低下，工厂所生产的产品并不能满足全社会的需求，这个时候工厂开足马力生产就能获得较为合意的利润。随着生产力的提高，市场由供给不足转为供给过剩。为了盈利，工厂不得不转变经营策略，具体是增加销售并削减费用，凡勃伦统称为“销售策略”（salesmanship）。在增加销售方面，主要有四种措施，具体如下：①故意或无意减少物质资源和设备的使用，解雇人员（如旨在缩减开支进行的裁员）；②推销术（如开设非必要的商店，扩展批发、零售、代理等销售渠道，投放广告，进行过度的产品包装，售假，以品牌和专利的形式限制对手）；③生产多余和虚假的商品（如非必要商品的生产）；④基于商业策略而无视工业需求造成的生产的系统性混乱、破坏和复制（如资源垄断，对竞争对手的信息和设施加以阻碍）。

虽然凡勃伦没有指明，但其中的②、④显然是无形资产的来源。对于其中④的运用，将资本主义推进至垄断资本主义阶段。在②中，我们发现企业通过品牌、宣传、销售、知识产权等措施建立了种种差别优势，继而形成了前文提到的可辨认无形资产。通过这种方法，企业能够合法地调取社会技术知识股份并以确定的质量和价格销售给消费者，从而保证了利润。

但是，这些差别优势面对技术创新的冲击总是不够稳固的。这就有必要结成一个广泛的联盟共同对价格和产量施加控制，才能保证企业的利润。对④的广泛使用首先出现在那些规模较大的行业，它们根据商业需要对生产量进行计划安排，并设置主管机构监督生产（Veblen，1919）。美国的公司合并运动起源于19世纪70年代，并在19世纪最后十年达到高潮，垄断进程也从最初的产业内横向并购扩展到经济体内的纵向并购。合并运动把市场竞争从充分竞争转变为在一个封闭市场里的合谋交易。合并形成的垄断可以在足够大的范围内调节产量、消除竞争销售和竞争投资，组成一个自相平衡、大体上独立的工业系统。

同时，差别优势也逐渐发生了“变异”。垄断企业倾向利用自己在生产方面的特权限制生产规模、将产品价格维持在一定的程度上。换句话说，当前企业关注的是是否能够以足够高的价格销售产品，而不是生产和销售足够多的产品。对无形资产而言，它现在的作用不在于将公众封锁在社会技术知识股份之外，而是将相互竞争的生产者拒之门外（Baranes，2020）。制度主义者汉密尔顿也补充道，这种工业生产中的无形资产以“市场权益”的形式出现，即进入市场出售产出的权利（Hamilton，1943）。行业壁垒作为一种新的差别优势构成了不可辨认无形资产的主要表现形式——商誉。

总之，这个阶段垄断企业的差别优势不仅在于历史上形成的消费者信心，还在于它们控制了工业产量、掌握了定价权，因此可以以合意的价格销售产品而不必担心新进入者的出现导致消费者离开。另外，前一阶段下形成的专利、商标、品牌、版权、政府许可等可辨认无形资产已经以法律形式确认下来，可以限制特定市场的生产者数量。新进入者如果想要分一杯羹的话就必须化解上述重重困难，否则将面临诉讼或者其他来自对手的“绞杀”。这两种差别优势被凡勃伦总结为对工业的“破坏”，即所有者破坏了生产过程使价格保持在有利可图的水平上（Veblen，2001）。

（二）信用经济

在轰轰烈烈的合并浪潮下，凡勃伦认为19世纪70年代后，美国的经济生活组织已经是在货币经济的主要特征上跨前了一步的信用经济，这个时候商品市场虽仍是一个有力的经济因素，但是已经不是控制因素，资本市场是第一位的。这种观点可以被19世纪末时任纽约证券交易所所长克流斯（Clews）佐证，他指出：金融家们虽然仍然可能对商品生产和销售感兴趣，但他们更感兴趣的很可能是证券发行和企业并购（葛家澍，2003）。在合并运动和证券化浪潮的冲击下，无形资产的外延无疑被再次拓宽了（Veblen，1908b）。

垄断企业的合并过程往往借助证券化工具[①]，具体表现为债权、股票等证券的发行，这一方面创造了新的无形资产；另一方面引起了所有权和控制权广泛分离，出现了“缺位所有权”（absentee ownership）。凡勃伦认为在这一阶段，是信用的扩张和对资产未来营利能力的乐观预期共同助推了资产价格的上扬。这种类型的价格上涨与实际物质生产能力无关，因此构成这部分资产价格的客体是非物质性的，属于无形资产的部分。这类上涨对缺位所有者而言，他们资产名义价值的上扬使之相比于无产者有权分得更多的物质化财富，但这种上涨并不是无节制的，由于财富客体的非物质属性，资产价格会随对客体认知的变化剧烈波动，从长期看信用经济的资产价格处于一种扩张、收缩的无限循环中。

合并运动所涉发行股份过程中，通常会将发行金额定为有形资产市场价值（而不是成本）的优先股和金额等于无形资产“价值”（主要是发起人对于公司在存续期内预计收益能力的估计）的普通股。1899 年，美国的合并公司共发行了 339.5 万美元普通股，其中三分之二是“掺水股票”[②]。由于未来的营利能力也是很难被客观估计的，故这种做法非常容易使公司资本额高估，存在虚增无形资产的嫌疑（普雷维茨和莫里诺，2006），但这种方法使企业能募集更多资金，符合企业家利益。垄断资本家通过这种方法向社会公众吸纳了大笔资金，同时还坐享了资产价格上涨的收益。诸多显而易见的理由，为财务造假，特别是收入造假提供了温床。1894 年的一份报告揭露了当时的这一情况，会计师在调查重组的艾奇逊-托皮卡-圣达菲铁路公司（Atchison Topeka & Santa Fe Railway Co.,）时发现，公司的收益存在令人吃惊的违规现象，从公司重组到委派重组委员会接管的 6 年期间，高估了 700 万美元的收益。公众完全了解不到任何事实和信息，因而无从对其做出判断（Daggett，1999）。

凡勃伦认为，对未来收益的资本化是“基于对当前收入能力的不完善的、主要是猜测性的认识”（Veblen，1908c）。其中产生的无形资产增值额并非由“商誉”带来，而是被交易员、广告、会计技巧、信贷扩张转移过来的（Veblen，1924）。虚构的无形资产增加了资产的账面价值，它是在旧有价值之下虚构出来的，本质上是对未来收入的重新分配（凡勃伦，2012）。落在全体所有者和工人身上的损失，只是在物质方面和他们的收入对应的购买力的损失，而不是资产账面价值方面的损失，所以不会使人感到财力耗损（凡勃伦，2012）；它导致了财富账面价值的膨胀，而有形资产却没有相应增加。投资银行家和他们的客户以小所有者和工人的总体利益为代价，把更多的财富据为己有（Veblen，1924）。被确认后的无形资产还可以作为抵押物，在市场上贷入新的资金。

总的来看，生产力的发展是基于人类历史上逐渐积累的知识财富，是全人类生活过程共同的结晶。在所有权下以社会技术知识股份的形式被安放进了有形资产中，再被缺位所有者占有了这份属于全民的财富。早期的无形资产是对企业创新、勤奋、信誉等的

---

① 需要明确的是，工业生产和股份公司是相互交织的，因为工业生产所需的大量资本投资的融资是通过证券化和信用扩张进行的，但本文为了更准确地分析无形资产的组成部分，因而将它们区别对待。

② 掺水股票一般指按照合并后收到的资产的公允价值发行优先股，并根据发起人对公司未来营利能力的估计发行普通股作为红利。

一种褒奖（Veblen，1919），但随着竞争加剧，无形资产演变出专利、品牌、特许经营权等多种形式，并被用于限制供应、妨碍交易、为了销售进行不实宣传以维持价格，并因此获得额外利润（Veblen，1919）。无形资产的来源实质上更多的是垄断资本获取超额利润的能力，再加上它的价值是根据“假定的收入能力”（putative earning-capacity）估算的，随着事态的发展，企业并购中产生的各项费用也被纳入了无形资产。这时的无形资产早已不限于它最初的含义，而是成为一种信用工具，在公司并购重组或者证券上市时，管理层和缺位所有者可以以它的名目多分得一部分企业财富。

凡勃伦犀利地指出：无形资产是一种有效的资本化财富，是收益权的资本化。它们不构成国家物质财富的一部分，也不构成国家工业力量有形表现的创造性部分。它们完全属于缺位者要求分享国家收入的性质，归根结底是对工业产品的索取权。尽管这些缺位所有者一直没有做出任何贡献，但却借此创造了大量的资本化财富，他们的资本也增加了，这一过程完成了物质利益的重新分配（Veblen，1924）。总之，无形资产所有者可以因此变得更加富有，虽然从整体上来看，整个社会在物质方面并没有得到改善（Veblen，1919）。凡勃伦累积因果的观点同样展现在了对无形资产的讨论上。起初它是一种制度工具，确保了个人对社会技术知识股份的所有权，但技术和制度的发展不断地扩大了它的外延。不仅如此，无形资产的泛滥还会反过来再次影响社会供应过程。由于预期营利能力是无形资产价值的保证，故预期的稍微改变就会像蝴蝶效应一般让恐慌情绪蔓延并进一步引发金融危机。

凡勃伦的一生见证了美国1873年、1893年和1907年的经济危机。后两次危机与其说是资本主义经济危机倒更像是金融危机，因为危机的根源并非供需失衡，而是偿付能力出现问题。

1893年的危机源于欧洲撤回在美国的证券投资。由于当时著名的英国巴林兄弟银行（Baring Brothers Bank）过渡投资拉美市场产生了亏损，英国政府不得不对它发放紧急贷款，这引发了英国投资者对全球资产的恐慌。大量英国投资者变卖他们在美国的资产，美国铁路公司股票大跌，进而导致美国黄金外流，黄金、白银及日用品价格下跌，这些现象引发了公众对美国信贷系统的质疑。1890年费城与雷丁铁路公司（Philadelphia & Reading Railroad）破产，标志着长达20年的铁路业扩张结束，铁路行业的泡沫破裂了。1893年4月，时任美国财政部部长约翰·卡莱尔（John Carlisle）发表声明称，银行债券可能只能用白银而不能用黄金进行赎回。这一声明被公众解读为黄金储备已经非常危险，尽管克利夫兰总统澄清说有足够的黄金储备用于赎回，但已经造成了恐慌，股票市场崩溃了，众多银行业迅速停止了硬币支付（Leathy，2010）。在银行恐慌结束之后，美国经济到1897年都处于萧条之中（罗克奥福，2008）。

1907年的危机是因为信托公司存款人挤兑造成的。当年10月，纽约第三大信托投资公司可尼克波克（Knickerbocker Trust Company）被迫宣布破产。这次破产的影响不啻2008年雷曼兄弟事件，在当年引发了一场席卷全美的金融海啸。银行等金融机构发生挤兑、银行间借贷完全冻结，起初这种现象只发生在纽约，但很快就波及全国各地。最后在财政部的调停下以摩根为首的几家金融公司总裁不得不共同出资帮助被挤兑的银行。

凡勃伦认为，信用扩张是产生上述危机的根本原因，垄断资本盈利的需求刺激了信用的扩张，在这过程中无形资产的膨胀需要承担部分责任。企业在合并过程中往往会高估无形资产。一方面他们获得了作为无形资产的掺水股票，另一方面可借助高估的资产以及股票获得更多贷款，除此之外还可以从事证券投机。对于垄断资本家而言，企业的盈利仅是一方面的，资产增值、投机收益也同样成为收入的重要来源，而后面两种来源无疑与无形资产的膨胀息息相关。

虽然凡勃伦讨论的是信用经济下无形资产的变异情况，但这些现象同样也是当代金融化的重要表现，甚至可以推断 20 世纪初的美国已经初显金融化端倪。会计学对于这种信用扩张下的无形资产膨胀现象并没有给出清晰的解释，但这并不意味着这些膨胀的资产不是“无形资产”。正视这种未规范的“无形资产”无疑可以为研究当下的金融化现象带来新的启示。

五、无形资产对金融化的影响

从凡勃伦生活的年代至今，资本主义国家又产生了相当多的变化，特别是近年来的金融化趋势已经成为学界讨论的一个热点问题。金融化趋势初见于 20 世纪 80 年代，资本主义国家出现了信息化、生产的全球化和经济的金融化一系列新趋势，并不断加速。在此之前，为解决经济停滞难题，资本主义国家主要依赖国家权力创造货币促进扩大再生产来推动经济发展。随着发达经济体越来越依赖这种再生产模式，过渡创造的货币逐渐外溢到金融部门不再进入实体，资金在金融部门内部空转。金融部门的利润主要来源于两个板块：一方面是从实体经济“吸血”，这增加了实体经济的经营成本；另一方面是金融投机，这推动资产价格上涨。金融化主要有三种具体表现，第一，资本主义国家的经济活动重心逐渐从产业部门向金融部门转移；第二，金融业利润在总经济中的占比不断上升；第三，越来越多非金融企业的收入来自金融活动。

学界对金融化问题展开了诸多探讨，其中西方马克思主义学派的分支——垄断资本学派在斯威齐、马格多夫、福斯特等的努力下取得了较为明显的成果。此外其他马克思主义学者、非正统经济学者也探讨了这一主题。目前虽然对它的讨论众说纷纭，但基本达成了以下三点一致观点：①金融化是生产停滞、资本积累过度的产物；②金融化下利润的积累主要依靠金融渠道而非贸易和生产；③非金融类公司和个人更加倾向金融投资获利。根据前述凡勃伦对制度的定义，本部分将从正式制度和非正式制度两个角度探讨无形资产对当代金融化的影响。

（一）作为正式制度的无形资产

影响无形资产的正式制度主要是法律法规和会计制度。当前看来，以美国为代表的发达资本主义国家和我国均已建立无形资产产权保护制度和金融监管制度。

美国法律是在英国法的基础上进行了因地制宜的改造形成的。1776 年的《独立宣言》强调“天赋人权”和“主权在民”，为保护公民的财产权提供了法理基础（何勤华和李秀清，2010）。1868 年颁布的宪法第十四条修正案明确了保护公民财产。作为世界领先的科技强国，美国非常强调知识产权保护和扶持创新。美国具有完善的知识产权保护制度，并通过与相关政策联动来扶持本国产业发展，在国际上形成了知识产权优势（吴汉东，2009）。由于历史和政治制度的原因，美国的金融监管呈现分业经营、分业监管、监管机构多头平行的特点。2008 年金融危机爆发后，美国对金融监管体制进行了改革和重构，其中影响最大的是 2010 年颁布的号称史上最严厉的金融监管法案——《多德-弗兰克华尔街改革与消费者保护法案》，旨在控制本国的金融垄断集团。在此之后美国基本上确立了财政部、美联储、证券交易委员会和商品期货交易委员会四轮驱动共管的监管体制，确立了相对严格的金融消费者利益保护、全面的信息披露以及限制金融机构高风险业务的三大原则。遗憾的是，由于法案触及了大型金融投机机构的利益，之后几年它被不断肢解和削弱，被美国一些学者戏称为“给忽悠欺诈者放行”的法案（徐明棋，2017）。

我国改革开放后在 1982 年确立了财产权法律制度的基础框架，构建了多种财产权并存的制度；在 2007 年颁布的《中华人民共和国物权法》中明确规定了公民私有财产的范围（刘灿，2019）。通过颁布了《中华人民共和国民法通则》（2014 年开始实施《中华人民共和国民法典》，《中华人民共和国民法通则》同时废止）《中华人民共和国专利法》《中华人民共和国著作权法》等一系列法律法规，我国的知识产权法律框架也已基本形成（吴汉东，2009）。我国的金融体制改革始于改革开放后，目前已经形成了“一委一行两会”的监管格局，即在分业监管的大方向下逐步尝试混业经营。

会计制度方面，美国于 1973 年设立了专门制定会计准则的财务会计准则委员会（Financial Accounting Standards Board，FASB）。我国财政部于 1985 年颁布了《中外合资经营企业会计制度》，首次将无形资产运用到会计实务，在 1992 年发布的《企业财务通则》和《企业会计准则》进一步规定并不断更新。这些规则明确了无形资产是企业总资产的一部分，确定了它的确认以及计价方法。经济的全球化趋势也促进了会计原则的国际统一，20 世纪下半叶，国际会计准则（International Accounting Standard，IAS）也逐步建立。

以上制度从财产权、知识产权、商业秘密等方面保证了个人无形资产的权利。金融监管制度、会计制度也一定程度上规范了无形资产膨胀的问题。过剩的金融资本总是需要为投资寻找出路，即使制度已经对现有的无形资产做出了规范，但源源不断的金融创新使无形资产涌现出新的形态，这都是现行法律难以监管或者规避的。制度源于过去的行为习惯，因此当下的制度总是不能够适应新的情况（Veblen，1898）。不可否认的是，金融创新在一定程度上助推了企业创新和发展，也起到了一定的避险作用，但它就像一个潘多拉魔盒，也释放了金融投机甚至欺诈。无形资产涌现的新奇特征先被小部分人采纳和应用，逐步发展成为一种非正式制度，它们的效果是复杂的，需要审慎对待。

（二）作为非正式制度的无形资产

影响无形资产的非正式制度主要是金融市场下通常的工作习惯，主要有以下三个方面。

首先，股份公司证券化后所有权与控制权分离，为了解决委托代理问题，激励高管人员提高业绩，美国上市公司用股票期权作为高管报酬。股权激励在美国被看作“自公司制之后资本主义的第二次制度革命”，它大幅度抬高了高管的收入，但是否能促进企业的业绩增长尚不确定。以思科公司为例，1999~2001 年，首席执行官钱伯斯（Chambers）的收入高达2.79亿美元，同期股东收益却减少了22%。不仅如此，股权激励的优厚报酬可能会诱导高管过分关注公司估值而非经营，甚至刺激高管粉饰报表、虚增利润来抬高股价（葛家澍，2003）。20 世纪初，美国证券市场爆出多起上市公司财务造假事件，如安然公司通过控制关联公司虚构收入，以及世界通信公司通过操纵合并产生的商誉低估期间费用从而虚增利润。美国证监会前主席阿瑟·利维特指出，“在市场上，如果你报出的盈利数字比计划少 1 美分，股价将下跌，导致上百万美元的市值减损”（葛家澍，2003）。研究美国证券市场的财务欺诈案例可以发现，操纵利润是犯罪的重要动机。

其次，企业家乐于使用无形资产进行融资，由于估值困难和非物质的特性，无形资产的价值极易膨胀，这进一步促进了信用的扩张。企业并购过程中往往会溢价购买被并购企业，溢价部分的测度主要依据未来的营利能力，溢价部分在资产负债表中表现为商誉。当企业获取外部融资时，可以直接增发股票进行低成本的股权融资；也可以将证券、股权、知识产权等无形资产作为抵押品。融资所获资金不仅可用于增加实物投资，还能用于股票回购、产业并购等，从而进一步抬高企业市值，给缺位所有者的资产带来增值。调查显示，2009~2014 年美国银行 14.06%的贷款是以专利和专利申请作为抵押的，这一比例在摩根银行、花旗银行和富国银行分别是 14.63%、10.39%和 9.81%（Ellis，2015）。不仅如此，因为高价值的专利能够使企业拥有差别优势，因此无形资产还可以降低外部资本市场筹集资金的成本（Levitas and McFayden，2009）。

最后，金融工具的持续创新也是金融化的显著特点，股票期权、金融期货、股票指数期货、利率互换、货币互换等众多的金融衍生工具令人目不暇接。这些工具都直接或间接地影响了资产价格，增加了市场波动。1995 年，英国历史悠久的老牌贵族银行巴林银行甚至因为交易员在金融衍生品投机上的亏损而破产。

总的来说，作为非正式制度的无形资产是有利于缺位所有者的，企业主要股东和高级管理人员是最大受益者。企业的小股东因为难以获悉企业的真实情况，反而会成为企业资本运作的受害者。同时，无形资产的价值膨胀还削弱了这部分人和无产者的购买力。

（三）走向共生——无形资产与金融化的累积因果发展

无形资产最初促进了知识的流动，保护了创新者的权利，它的证券化也方便了企业以较低成本进行融资，从而降低经营负担，但是构成它财富客体的非物质性特点，给资产价格带来了巨大的波动，拉大了贫富差距。不仅如此，它也脱离了最初保护知识产权的工具属性，成为缺位所有者控制和占有全社会物质产品的工具。

作为正式制度的无形资产，它的膨胀在一定程度上受到了抑制。尽管存在种种舞弊的可能，但它的价值大体而言被限制在它的预期营利能力的现值范围内。正式制度照顾了可辨认无形资产和不可辨认无形资产两个部分，但后者难以辨认的特征决定了它是无法完全规范的，而非正式制度为它的生长提供了养料。这种野蛮生长引起了金融部门的注意，进而使无形资产膨胀成为金融化趋势中的一股重要力量。无形资产的规模越大，就越是鼓励资本以这种方式来获取利润并且实现资产保值增值，经济的金融化程度也就越深了。

回顾历次经济危机，虽然诱发危机的原因各不相同，但往往会使财富重新分配、消除贫富差距。这种格局自金融化以来发生了改变，美国的基尼系数在 20 世纪 70 年代后呈现上涨态势，并自 20 世纪以来显著加快（OECD，2008）。2020 年新型冠状病毒肺炎疫情暴发后，世界主要经济体大多采用了应对 2008 年金融危机的方法，采取了积极的货币政策来刺激经济。这一举措有效抵御了疫情带来的负面冲击，但这种休克疗法治标不治本，更多资金流向了资本市场，助推了资产价格上扬。疫情暴发以来，美联储采取了宽松的货币政策以支持美国经济，同时美股出现了一轮技术性牛市。OECD 的统计显示，美国在 2020 年上半年广义货币 M3 环比增加 17.89%，但第三季度 GDP 增速为 7.4%，预计全年增速仅为−2.6%（OECD，2020a，2020b，2020c）。截至 2020 年 12 月 15 日，纳斯达克指数已上涨逾 40%，创 2009 年以来最大涨幅，年内不断刷新历史新高。同时，美国的 650 名亿万富翁的财富增加了逾 1 万亿美元，亚马逊公司的创始人杰夫·贝佐斯（Jeff Bezos）的财富增长超 700 亿美元（Collins，2020）。

无形资产与金融化共生发展，无形资产催生了金融化，金融化程度的加深又鼓励了无形资产的膨胀，无形资产越是膨胀就越是鼓励缺位所有者借此增进财富。贫富差距的扩大也说明它很好地执行了巩固缺位所有者优势地位的功能。从这一点来看，无形资产的仪式属性已经盖过原本承担的工具属性。至于今后二者将如何发展，走向何方？凡勃伦的思想中暗示了一种可能——事物不断涌现出的新奇特征，将以一种“重构向下因果”（re-constitutive downward causality）①的方式影响现存的制度（霍奇逊，2008）。也就是说，无形资产的野蛮生长和金融化趋势将反过来重塑我们的社会供应过程。这将是今后研究金融化现象时一个值得注意的点。

六、结　语

无形资产的产生是技术创新和知识流通的需要，但却在资本主义制度下逐渐变异，又在垄断资本阶段逐渐成为一股不可忽视的力量。它是金融化的一股重要力量，金融化

① 这一术语并非为凡勃伦所使用，这里借用了霍奇逊对凡勃伦理论的总结。

反过来也为无形资产的生产提供了繁茂的土壤。无形资产的膨胀问题在一定程度上受到了正式制度的制约，但由于无形资产的不可辨认性以及财富客体的无形性，它在非正式制度和金融化趋势下得到了极大的发展，成为保护缺位所有者的制度。它扩大了贫富差距，但并没有增进全社会的物质财富，也无法解决发达经济体的经济停滞难题。但是，无形资产涌现的新奇性将持续对我们的社会供应过程产生累积因果的影响。随着社会供应过程的持续演化，金融化同时也会以重构向下因果的方式反作用于无形资产，需要持续地观察。面对全球经济金融化趋势明显的当下，深化对无形资产的理解才能"择其善者而从之，其不善者而改之"。

参考文献

凡勃伦 T. 2008. 卡尔·马克思和他的拥护者的社会主义经济学（I）//凡勃伦 T. 科学在现代文明中的地位. 张林，张天龙译. 北京：商务印书馆：338-356.

凡勃伦 T. 2012. 企业论. 蔡受百译. 北京：商务印书馆.

凡勃伦 T. 2016. 有闲阶级论. 12 版. 蔡受百译. 北京：商务印书馆.

葛家澍. 2003. 会计数字游戏：美国十大财务舞弊案例剖析. 北京：中国财政经济出版社.

何勤华，李秀清. 2010. 外国法制史. 2 版. 上海：复旦大学出版社.

霍奇逊 G M. 2008. 制度经济学的演化——美国制度主义中的能动性、结构和达尔文主义. 杨虎涛，王爱君，黄载曦，等译. 北京：北京大学出版社.

坎宁 J B. 2014. 会计中的经济学. 宋小明，谢盛纹译. 上海：立信会计出版社.

刘灿. 2019. 财产权制度构建的政治经济学分析. 政治经济学报，14（1）：20-27.

罗克奥福 H. 2008. 1789-1914 年的银行业与金融//恩戈尔曼 S L，高尔曼 R E. 剑桥美国经济史（第二卷）：漫长的 19 世纪. 王珏，李淑清译. 北京：中国人民大学出版社：471.

普雷维茨 G J，莫里诺 B D. 2006. 美国会计史：会计的文化意义. 杜兴强，于竹丽，等译. 北京：中国人民大学出版社.

汤湘希. 2009. 无形资产会计研究. 北京：经济科学出版社.

吴汉东. 2009. 中国知识产权法制建设的评价与反思. 中国法学，（1）：51-68.

徐明棋. 2017.《多德-弗兰克法案》修改对美国金融监管体制的影响. 新金融，（7）：11-15.

周舟. 2018-07-17. 美国如何扶持科技产业. 经济参考报，第三版.

Baranes A I . 2020. Intangible assets and the financialized business enterprise：a veblen-commons approach. Journal of Economic Issue，54（3）：692-709.

Choudhary D N. 2006. Evolution of patent laws：developing countries' perspective. Capital Law House：9-11.

Collins C. 2020-12-16. Billionaire made $1 trillion since COVID-19. They can afford to protect their workers.

Courtis J K. 1983. Business goodwill：conceptual clarification via accounting，legal，and etymological perspectives. The Accounting Historians Journal，10（2）：1-38.

Daggett S. 1999. Railroad Reorganization. Washington D C：Beard Books.

Ellis J. 2015. Study reveals the most active borrowers and lenders in US patent-backed financing.

Hamilton W H. 1943. Property rights in the market. Journal of Legal and Political Sociology，1（3/4）：10-33.

Hendriksen E S. 1982. Accounting Theory. 5th ed. Homewood：Richard D. Irwin，Inc.

Heller M A，Eisenberg R S. 1998. Can patents deter innovation? The anticommons in biomedical research. Science，280（5364）：698-701.

Leathy N. 2010. The Panic of 1893 and "The £1，000，000 Bank - Note". The Mark Twain Annual，8（1）：76-85.

Levitas E，McFayden M. 2009. Managing liquidity in research-intensive firms：signaling cash-flow effects of patents and alliance activities. Strategic Management Journal，30（6）：659-678.

OECD. 2008. Growing Unequal?: Income Distribution and Poverty in OECD Countries. Paris:OECD Publishing.

OECD. 2020a. Quarterly GDP（indicator）. https://doi.org/10.1787/b86d1fc8-en.

OECD. 2020b. Broad money（M3）（indicator）. https://doi.org/10.1787/1036a2cf-en.

OECD. 2020c. Nominal GDP forecast（indicator）. https://doi.org/10.1787/dad11be4-en.

The IFRS Foundation. 2019. IAS 38 intangible assets.

Veblen T. 1898. Why is economics not an evolutionary science? Quarterly Journal of Economics，12（3）：386，392，393.

Veblen T. 1908a. On the nature of capital. Quarterly Journal of Economics，22（4）：517-542.

Veblen T. 1908b. On the nature of capital：investments，intangible assets，and the pecuniary magnate. Quarterly Journal of Economics，23（1）：104-136.

Veblen T. 1908c. Fisher's capital and income. Political Science Quarterly，23（1）：168.

Veblen T. 1919. The Vested Interests and the Common Man. New York：B. W. Huebsch，Inc.

Veblen T. 1924. Absentee Ownership and Business Enterprise In Recent Times. London：George Allen & Unwim，Ltd.

Veblen T. 2001. The Engineers and the Price System. Kitchener：Batoche Books.